Patrizia Haucke
Annette Krenovsky

Gelassen
und
souverän
führen

Patrizia Haucke
Annette Krenovsky

Gelassen und souverän führen

Die Stärken
des weiblichen Führungsstils

Kösel

Mix
Produktgruppe aus vorbildlich bewirtschafteten
Wäldern und anderen kontrollierten Herkünften
www.fsc.org   Zert.-Nr. GFA-COC-1298
© 1996 Forest Stewardship Council

Verlagsgruppe Random House FSC-DEU-0100
Das für dieses Buch verwendete FSC-zertifizierte Papier
Praximatt liefert Condat, Frankreich.

2. Auflage 2008
Copyright © 2003 Kösel-Verlag, München,
in der Verlagsgruppe Random House GmbH
Umschlag: 2005 Werbung, München
Umschlagmotiv: imagedirekt
Druck und Bindung: Kösel, Krugzell
Printed in Germany
ISBN 978-3-466-30629-9

www.koesel.de

Inhalt

Kapitel 2

»Ich möchte mich nicht verbiegen«

Kapitel 3

Umgang mit Energieräubern 61

Kapitel 4

Führungsinstrumente für Frauen

Kapitel 5

Die Spielregeln der Männerwelt

Kapitel 6

Frauen unter Frauen

Vorwort

Aufstieg – und was dann?

Haben Sie's geschafft?

Haben Sie im Beruf eine Führungsposition erreicht? Oder möchten Sie in eine Führungsposition aufsteigen? Wie fühlen Sie sich dabei? Die meisten Frauen, mit denen wir in unseren Seminaren und Coachings sprechen, leisten überwiegend tadellose Arbeit in ihrem Führungsjob. Seltsamerweise fühlen sich viele nicht so richtig wohl bei der Sache. Natürlich freuen sie sich über ihre Position und sind mit Recht stolz darauf. In diese Freude drängt sich jedoch immer wieder die bange Frage: Mache ich das, was ich da tue, überhaupt richtig? Für diese Frage gibt es reichlich Anlass.

Denn es ist ein Irrtum zu glauben, eine Frau habe es geschafft, wenn sie in eine Führungsposition aufgestiegen ist. Nach dem Aufstieg beginnen die Probleme erst. Eine weibliche Führungskraft trifft in ihrem Führungsjob auf Herausforderungen, mit denen sie vorher einfach nicht gerechnet und auf die sie niemand vorbereitet hat: Plötzlich wird jedes ihrer Worte auf die Goldwaage gelegt. Sie wird in Machtspielchen verwickelt, deren Spielregeln sie nicht kennt. Die ehemaligen Kolleginnen freuen sich nicht, dass es eine von ihnen weitergebracht hat, sondern begegnen der neuen Chefin mit Neid und Rivalität. Früher kam der Wind nur aus einer Richtung (von oben), jetzt bläst er plötzlich aus allen Richtungen. Auf keine dieser und vieler anderer Herausforderungen wurden Frauen vorbereitet.

Die Folge der fehlenden Vorbereitung: Frauen werden in Führungsjobs regelrecht »verheizt«. Da sie vieles von dem, was sie in ihrem Führungsjob tun müssen, nicht wissen, demontieren sie in den ersten 100 Tagen zwangsläufig ihr Image, weil sie oft ins Fettnäpfchen treten, Dinge versäumen oder nicht korrekt ausführen. Vorgesetzte, Kollegen und selbst die eigenen Mitarbeiter sind dann schnell mit den sattsam bekannten Vorhaltungen zur Hand – die männlichen Führungskräften gegenüber weitaus seltener gemacht werden: »Typisch Frau, keine Ahnung vom Business.« »Die blickt's doch überhaupt nicht. Wenigstens hat sie hübsche Beine ...«

Als Folge dieser offenen Vorhaltungen und versteckten Anspielungen zweifeln viele Frauen in Führungspositionen an sich selbst. Sie fragen sich: Bin ich richtig auf diesem Posten? Schaffe ich das denn? Und will ich das überhaupt? Die Freude an der neuen Position ist stark getrübt, die Motivation nimmt Schaden und der Spaß an der Arbeit verschwindet oft völlig. Viele Frauen bereuen es direkt, überhaupt aufgestiegen zu sein – was besonders bizarr ist, da die veröffentlichte Meinung ihren Aufstieg ganz unkritisch und blind für die wahren Probleme als vollen Erfolg für »die Sache der Frau« bejubelt. Diese Jubelpose ist nicht besonders hilfreich für die vielen Frauen, die sich ernsthaft überlegen, ob der Aufstieg so eine gute Idee ist ...

Als Konsequenz verlieren viele Frauen nach der ersten Beförderung die Lust an der Führung. Die Motivation geht baden und die Frustration setzt ein. Und das alles nur, weil ihnen einige wenige grundlegende Kenntnisse und Fertigkeiten fehlen, die für einen Führungsjob unabdingbar sind. Solange diese Grundlagen nicht vorhanden sind, haben Frauen Probleme mit Führungsaufgaben.

Diese Probleme beseitigt das Buch, das Sie in Händen halten. Es bereitet einerseits Frauen auf einen Führungsjob vor, die kurz vor dem großen Sprung stehen. Andererseits vermittelt es Frauen, die schon länger in einer Führungsposition sind, jene Kenntnisse, die sie benötigen, um endlich den Erfolg und Spaß in der Führung zu haben, den sie verdienen. Es ist nie zu spät, das zu lernen, was Sie in Ihrem Führungsjob brauchen, um erfolgreich, zufrieden und ausgeglichen zu sein und dabei ganz Sie selbst zu bleiben.

Seit 17 bzw. 12 Jahren betreuen wir Frauen aus allen Branchen und Unternehmensgrößen in Trainings und persönlichen Coachings. Frauen, die in Führungspositionen tätig sind oder kurz vor dem Aufstieg stehen. Davor waren wir beide selbst in Führungspositionen tätig. Wir haben selbst erfahren, worüber wir in diesem Buch sprechen. Unsere eigenen Erfahrungen und die Erfahrungen unserer Teilnehmerinnen bestätigen uns seit Jahren zwei Dinge: Erstens haben Frauen ganz andere Probleme mit Führungspositionen als Männer. Und zweitens sind es im Prinzip nur sechs Problemfelder, auf denen die häufigsten Probleme entstehen. Diese Felder behandeln die sechs folgenden Kapitel:

● *Frauen und Macht:* Männer genießen die Macht einer Führungsposition, Frauen lehnen Macht eher ab. Diese ablehnende Haltung ist nicht nur emotional belastend für Frauen, sie verursacht auch gravierende Führungsschwächen und Probleme bei der Mitarbeiterführung und der Zielerreichung.

● *Frauen und die Angst vor dem Verbiegen:* Frauen möchten führen – und zugleich sie selber bleiben. Doch den meisten erscheint dies als unlösbarer Widerspruch in ihrer Führungsposition. Wird dieser Widerspruch nicht gelöst, reibt frau sich früher oder später daran auf.

● *Frauen und Energieräuber:* Frauen in Führungspositionen lassen sich viel Zeit und Energie stehlen. Viele nehmen Überstunden und Ärger als Preis für die Position hin, anstatt die Energieräuber zu stellen.

- *Führungsinstrumente für Frauen:* Die meisten Frauen wollen gut führen, bekommen aber leider keine faire Möglichkeit dazu – ihnen fehlen die geeigneten Führungsinstrumente.

- *Frauen in der Männerwelt:* Die Berufswelt ist keine Insel. Sie ist ein Teil unserer Gesellschaft. Und die Gesellschaft ist in ihren Strukturen, Regeln, Prozessen und Sanktionen männlich geprägt. Jammern hilft nicht: Wie geht frau damit um?

- *Frauen unter Frauen:* Frauen machen sich oft gegenseitig das Leben schwer. Sie behindern sich beim Vorwärtskommen, betätigen sich als Aufstiegsbremse für Kolleginnen und sabotieren die eigene Chefin.

Die folgenden Kapitel helfen Frauen in Führungspositionen sowohl in der Industrie, in Gewerbe und Einzelhandel als auch im öffentlichen Dienst.

Es gibt eine Menge Herausforderungen in einer Führungsposition. Es gibt jedoch gleichzeitig auch eine Menge vieler guter Ideen, diese Herausforderungen zu meistern.

Lesen Sie und lassen Sie sich überraschen.

Kapitel 1

Frauen
und
Macht

Führung ohne Macht funktioniert nicht

Mit der Position kommt die Macht. Wer andere führt, hat damit automatisch Macht über sie. Das klingt selbstverständlich. Doch die meisten Frauen in Führungspositionen empfinden diese Macht als negativ und äußern sich auch so:

- »Man muss nur die Geschichte anschauen, um zu begreifen, wie viel Unheil Macht anrichten kann.«
- »Ich will keine Macht – ich möchte lieber kooperativ führen.«
- »Ich möchte keine Machtspielchen spielen wie die Kollegen.«
- »Macht ist ein typisch männliches Instrument!«
- »Wer Macht ausübt, kann keine Emotionen zulassen – das möchte ich weder mir noch meinen Mitarbeitern antun.«

Auf den ersten Blick erscheint eine kritische Einstellung zur Macht als ethisch sehr gereift, sozialverträglich und lobenswert. Das ist die eine Seite der Medaille. Die andere Seite:

Frauen in Führungspositionen, die der Macht eher skeptisch gegenüberstehen,

- sprechen in Situationen, in denen es rein objektiv betrachtet nötig wäre, das berühmte Machtwort nicht aus. Sie tolerieren damit nicht nur Konflikte, stille Sabotage oder Desorientierung unter den Mitarbeitern, sondern verschlimmern diese Störungen mit ihrem Verhalten sogar. Wenn die Katze tatenlos zuguckt, tanzen die Mäuse umso heftiger auf dem Tisch ...
- lassen die nötige Klarheit in ihrer Kommunikation vermissen, weil sie glauben, dass ihre Mitarbeiter klare Worte als Machtmissbrauch missverstehen;
- geben oft keine direkten Anweisungen, weil sie diese als typisches Machtmittel interpretieren. Resultat: Die Mitarbeiter wissen nicht genau, was von ihnen erwartet wird;
- regeln Dinge nicht, die geregelt werden müssen, weil »ich nicht die Chefin herauskehren möchte«.

Was viele Frauen übersehen: Eine skeptische Einstellung zur Macht hat negative Konsequenzen auf die Leistung der geführten Mitarbeiter. Deshalb wollen wir untersuchen, ob diese skeptische Einstellung überhaupt gerechtfertigt ist.

MACHT IST, WAS FRAU DRAUS MACHT

Wenn wir an unseren Geschichtsunterricht in der Schule zurückdenken, wenn wir uns anschauen, was täglich in unseren Unternehmen passiert, dann ist der allgegenwärtige Machtmissbrauch augenfällig. Vor diesem Hintergrund erscheint es einleuchtend, dass Frauen Macht als negativ empfinden. Bei genauerem Betrachten erweist sich diese Einschätzung jedoch als vorschnelle Verallgemeinerung. Macht ist eben nicht an sich schlecht. Dieses herrschende Vorurteil wird ausgerechnet in einer Domäne als solches entlarvt, die Frauen bestens vertraut ist: in der Familie.

In der typischen Familie bestimmt die Mutter, was auf den Tisch kommt, was gut für die Gesundheit ist, was die Kinder und nicht selten auch der Gatte anziehen, welche Lebensmittel und Haushaltsgüter wann und wo eingekauft werden, wie die Räume eingerichtet werden, wohin man in den Urlaub fährt oder wo man abends hingeht. Es gibt in jeder Familie und in jeder Zweierbeziehung Themen, die von der Frau allein gemanagt werden. Themen, für die sie allein das Sagen hat. Was ist das? Das ist nichts anderes als Macht.

In Familie und Beziehung üben Frauen Macht ganz selbstverständlich aus und stehen auch dazu. Warum wird diese Macht nicht als ebenso negativ empfunden wie die Macht einer Führungsposition? Weil die Macht in Familie und Beziehung Gutes und Sinnvolles bewirkt und Klarheit schafft. Und vor allem: weil jemand die Verantwortung für die betreffenden Angelegenheiten übernimmt. Anhand von Familie und Beziehung erkennen wir:

Macht

- ist an sich nichts Schlechtes;
- ist, was frau draus macht;
- kann zwar auch missbraucht werden – das heißt jedoch nicht, dass Macht an sich schlecht ist;
- ist wie Petroleum. Man kann damit ein Licht anzünden oder ein Haus in Brand stecken;
- in der Beziehung oder Familie bewirkt Gutes;
- heißt vor allem eines: Verantwortung übernehmen. Wie Sie diese Verantwortung ausüben, bestimmen allein Sie;
- ist nichts, was Sie verbiegen oder zu Dingen zwingen kann, die Sie nicht möchten;
- bedeutet lediglich: Was Sie damit anfangen, bestimmen ganz allein Sie.

Wenn Sie Macht als negativ empfinden, sollten Sie sich so rasch wie möglich von diesem Vorurteil lösen. Sie sollten Ihren Blick nicht von dumpfen Vorurteilen trüben lassen, sondern einen intelligenten und ganz bewussten Umgang mit Macht pflegen. Man könnte sogar sagen: Auch wer Macht ablehnt, missbraucht sie, weil er ihre vielen guten Folgen ablehnt. Stellen Sie sich eine Familie vor, in der die Frau nicht hin und wieder sagt, wo's langgeht – das Resultat ist Chaos.

WARUM FRAUEN MACHT SCHEUEN

Dass Macht nicht an sich schlecht ist, wissen oder erkennen die meisten Frauen. Das Problem ist: Wissen und Fühlen sind zwei Paar Schuhe. Seltsam an diesen Hemmungen ist: Wir fühlen sie im Beruf, nicht jedoch zu Hause. Dieselben Frauen, die im Management am liebsten auf jede Machtausübung verzichten wollen, würden zu Hause gegenüber Beziehungspartner oder Familie niemals auf ihren Einfluss verzichten wollen. Warum? Weil sie wissen: »Mein Partner, meine Kinder lieben mich auch dann, wenn ich ab und zu sage, was zu tun ist.« Im Business fehlt vielen Frauen diese Zuversicht.

> Wir wissen, dass Macht nicht an sich schlecht ist. Doch wir fühlen trotzdem Hemmungen, sie zu gebrauchen.

Diese Furcht ist menschlich und verständlich. Wenn ich Mitarbeiter Meier sage, dass er seine Präsentation in dieser Form auf keinen Fall halten darf – dann ist er doch sicher sauer auf mich, oder? Zumindest ist der Arbeitsfrieden gestört. Solche und ähnliche Befürchtungen bringen Frauen in Seminar und Coaching zuhauf vor. Früher meinten wir, Frauen mit Argumenten überzeugen zu können, dass diese Befürchtungen unbegründet sind. Inzwischen wissen wir es besser: Manche Befürchtungen lassen sich selbst mit den besten Argumenten nicht zerstreuen. Also versuchen Sie gleich gar nicht, sich Ihre Befürchtungen auszureden. Lernen Sie lieber von jenen Frauen, die »es geschafft« haben. Das geht einfacher, schneller, ist angenehmer und führt vor allem rasch zu konkreten Ergebnissen.

> Frauen scheuen Macht im Beruf, weil sie befürchten, nicht mehr gemocht zu werden oder damit die Harmonie zu stören.

Lernen von den Besten

Beobachten Sie Frauen, die es im Business zu etwas gebracht haben, die Ihrer Meinung nach gut führen und trotzdem sie selbst geblieben sind. Sie werden bei genauer Beobachtung eine Überraschung erleben: Erfolgreiche weibliche Führungskräfte üben Macht aus und werden trotzdem gemocht. Wenn Sie scharf beobachten, werden Sie sogar ein Paradoxon beobachten können: Diese Frauen werden nicht trotz Machtausübung, sondern gerade deswegen respektiert, geschätzt und anerkannt. Sie können diese Beobachtung übrigens auch bei vorbildlichen Männern machen, die verantwortungsvoll mit Macht umgehen.

Macht macht **beliebt** und erfolgreich

Warum werden Frauen, die Macht ausüben, gemocht und respektiert? Betrachten wir ein Beispiel, das diese Frage beantwortet. Es zeigt auch, dass Machtausübung nicht nur gut, sondern öfter als angenommen die einzige Lösung ist.

Judith übernimmt mit 26 Jahren die Abteilung Auftragsabwicklung in ihrer Firma. Sie hat früher unter einem fast schon diktatorischen Vorgesetzten gelitten und möchte nun alles anders machen: »Ich werde auf keinen Fall den Big Boss herauskehren!« Als die Mitarbeiter sich mehr Freiheit bei der Arbeitszeitgestaltung wünschen, verzichtet Judith ganz bewusst auf ihre Macht als Vorgesetzte in dieser Frage und sagt: »Regelt die Gleitzeitmodalitäten selber.« Sie stellt nur eine Bedingung: »Von

9.00 bis 17.00 Uhr muss immer jemand präsent sein, falls Kunden anrufen.« Was passiert? Drei Wochen nach Inkrafttreten der Regelung erreichen Kunden an einigen Tagen erst um 9.30 Uhr die zuständigen Mitarbeiter, an einigen Tagen klingelt das Telefon bereits um 16.30 Uhr auf leeren Schreibtischen. Judith ist stinksauer: »Da komme ich den Leuten so weit entgegen, gebe ihnen jede Freiheit – und die danken mir das so!« Zornig setzt sie ein Memo auf, in dem sie »wie im Kindergarten« jedem Mitarbeiter vorschreibt, wann er zu arbeiten hat. Noch während sie das Memo morgens um 8.30 eigenhändig auf die noch weitgehend leeren Schreibtische ihrer Mitarbeiter verteilt, plagt sie das schlechte Gewissen: »Meine Mitarbeiter müssen doch denken: Jetzt hat die Olle der Machtkoller gepackt!« Sie will gerade das Memo wieder einsammeln, als sie sieht, dass ein unüblich früh anwesender Mitarbeiter schon an seinem Schreibtisch sitzt, das Memo gelesen hat, zu ihr herübernickt und sagt: »Na endlich. Ich habe mich schon gefragt, wie lange Sie das Chaos mit den Arbeitszeiten noch so durchgehen lassen!« Judith ist wie vom Donner gerührt. Diese Reaktion hatte sie am allerwenigsten erwartet.

Judith hat sich gleich in drei Punkten kolossal getäuscht. Sie glaubte, wenn sie auf Macht verzichtet, wird sie von ihren Mitarbeitern gemocht und die Mitarbeiter arbeiten motivierter. Das erwies sich als falsch. Die Mitarbeiter reagierten demotiviert. Judith fasste dies als Undankbarkeit auf. Dabei waren die Mitarbeiter nicht undankbar, sondern einfach nur etwas pflichtvergessen – das ist ein großer Unterschied. Außerdem meinte Judith, dass die Mitarbeiter auf ihre direkte Machtanwendung negativ reagieren und sie nicht mehr mögen würden. Auch das erwies sich als falsch. Die Mitarbeiter nahmen ihr nicht die Machtanwendung krumm. Manche von ihnen waren im Gegenteil sogar sauer auf Judith, weil sie so lange mit ihrer Machtabstinenz »das Chaos mit den Arbeitszeiten« geduldet hatte.

Judith verzichtete auf Macht und wurde deshalb nicht gemocht. Sie setzte Macht ein und wurde wieder gemocht. Eine überraschende und aufrüttelnde Erfahrung. Es nützt nichts, sich mit Argumenten überzeugen zu wollen. Frau muss diese Erfahrung einmal selbst machen, um den Aha-Effekt zu erleben: Verantwortungsvoll ausgeübte Macht ist eine gute Sache, weil sie allen Beteiligten Gutes tut, weil sie Klarheit schafft und Mitarbeiter ohne diese Klarheit weder motiviert sind noch ihren Job richtig machen können. Wer dagegen auf Macht verzichtet, wird von den eigenen Mitarbeitern (Kollegen, Kunden und Vorgesetzten) nicht gemocht.

Wenn Sie Macht verantwortungsvoll anwenden, werden Sie respektiert.

Nebenbei bemerkt: Führung funktioniert nur mit Macht. Macht heißt, Verantwortung zu übernehmen. Wie wollen Sie Ihre Mitarbeiter gut führen und ihnen ein Vorbild sein, wenn Sie keine Verantwortung übernehmen? Aus diesem Grund ist es auch positiver und passender, nicht von Macht, sondern von der Übernahme von Verantwortung zu sprechen.

Das ist notwendig. Notwendig ist auch, dass Sie sich nicht nur eine positive Einstellung zu Macht, Einfluss und Verantwortung erarbeiten, sondern diesen Einfluss auch tatsächlich ausüben, tatsächlich Verantwortung übernehmen. Wer sein ganzes Leben lang Macht eher scheute, wird das nicht über Nacht schaffen. Die Verhaltensänderung will vorbereitet sein.

Ändern Sie Ihre Einstellung zur Macht.

Listen Sie
Gelegenheiten auf

Selbst wer seine Vorurteile über Macht ablegen konnte, wird sich in bestimmten Situationen dabei ertappen, eben doch wieder den Machtgebrauch zu scheuen. Alte Gewohnheiten legt frau nicht so einfach ab. Besser geht das mit etwas Vorbereitung.

Praxis Überlegen Sie, wo und wann in den nächsten Tagen Gelegenheiten auftauchen werden, bei denen Sie Macht ausüben, Verantwortung übernehmen sollten, müssten, wollen – bei denen es aber in der Vergangenheit nicht so gut klappte. Solche Gelegenheiten können sein:

- Endlich einem bestimmten Mitarbeiter klipp und klar sagen, dass er ein störendes Verhalten abstellen soll.
- Ein fälliges Machtwort in einem lange schwelenden Konflikt sprechen.
- Einen Missstand ein für allemal abstellen.
- Ultimativ auf die Einhaltung eines bedrohten oder gar bereits überzogenen Abgabetermins bestehen.
- Eine lange überfällige Regelung treffen.
- Eine unpopuläre Entscheidung durchsetzen.
- Vom Chef ein interessantes Projekt, mehr Budget, eine Gehaltserhöhung, eine Verbesserung der Arbeitsbedingungen ... fordern.

Wenn Sie diese Gelegenheiten schriftlich notieren, verdoppeln Sie Ihre Erfolgswahrscheinlichkeit. Man nennt das auch die normative Kraft des geschriebenen Wortes.

Gelegenheiten, Verantwortung zu übernehmen:

_____

_____

_____

_____

_____

_____

_____

Wie dachten Sie früher über diese Gelegenheiten? Wie denken Sie jetzt darüber? Wenn wir diese Übung im Seminar machen, berichten viele Frauen, dass sie sich früher eher gescheut hätten, in diesen Situationen Verantwortung zu übernehmen, jetzt aber motiviert seien, es zu tun. Viele Frauen motiviert die Aussicht, Verantwortung zu übernehmen. Die meisten fragen sich jedoch: Wie sage ich's meinem Mitarbeiter? Soll ich – wie die männlichen Kollegen – mich aufplustern und mit der Faust auf den Tisch hauen? Weil das eine gar zu unattraktive Aussicht ist, verfallen viele Frauen ins andere Extrem und reden wie ein Mäuschen: »Herr Kollege, es wäre total nett, wenn Sie sich bitte mal um ... kümmern könnten.« Auch das ist keine besonders aussichtsreiche Vorgehensweise. Welches Vorgehen ist besser?

MACHT GEBRAUCHEN

Der Fehler liegt darin, dass wir alle immer noch viel zu sehr auf die Männer schauen. Wenn Männer Macht ausüben, dann tun sie das eben häufig mit Pauken und Trompeten. Sie hauen mit der Faust auf den Tisch und ordnen im Befehlston an. Frauen halten dieses Fortissimo für die einzig mögliche Lautstärke bei der Machtausübung. Das ist ein Missverständnis.

Sie werden zwar in Ihrem Führungsjob mindestens einmal im Quartal mit einer Situation konfrontiert werden, in der mit der Faust auf den Tisch zu hauen die beste Möglichkeit ist. **Sagen Sie einfach, was** Versuchen Sie das ruhig einmal, diese Erfahrung **Sie erwarten.** muss frau gemacht haben – der Effekt ist riesig (solange Sie es nur einmal im Quartal tun). Im Regelfall ist jedoch weder der Faustschlag auf die Tischplatte noch das Pianissimo geboten, sondern etwas, das so einfach ist, dass viele Frauen nicht darauf kommen:

Zum Beispiel: »Ich wünsche einen schnelleren Durchlauf der dringlichen Aufträge. Bitte sorgen Sie dafür, dass ab sofort alle rot markierten Auftragsformulare binnen 48 Stunden bearbeitet werden.« Das ist alles? Das war ja gar nicht so schlimm, oder? Das überrascht viele Frauen – was lediglich zeigt, dass viele recht unerfahren im Umgang mit Führungskommunikation sind. Doch so eine Klärung der Erwartungen reicht völlig aus: Sagen Sie kurz und klar, was Sie vom anderen erwarten.

Entschuldigen Sie
sich **nicht**

So simpel diese kurze und klare Artikulation der eigenen Erwartung auch ist, etliche Frauen haben große Probleme damit. Sie sagen zwar kurz und knapp, was sie erwarten. Doch daran hängen sie ellenlange Erklärungen, warum sie ausgerechnet das erwarten. Frau soll erklären – aber nicht so lange, dass der andere sich unwillkürlich denkt: »Da stimmt doch was nicht, wenn sie das so lang und breit erklären muss!«

Niemand muss sich für seine Erwartungen entschuldigen.

Manche Frauen entschuldigen sich direkt dafür, dass sie klar sagen, was sie erwarten. Das alles beschädigt die kurze, klare Botschaft, so dass Mitarbeiter desorientiert und demotiviert werden und am Ende nicht das tun, was frau von ihnen erwartet.

Viele Frauen entwickeln auch Schuldgefühle, weil »ich doch dem anderen nicht so unverblümt sagen kann, was er machen soll«. Das ist eine gefährliche Annahme. Denn sie unterschlägt, was der andere fühlt und denkt. Sie unterschlägt eine der Grundregeln zivilisierter Kommunikation:

Klare Kommunikation ist gute Kommunikation.

Kommunikation ist, was beim anderen ankommt. Und beim anderen kommt klare Kommunikation eben nicht schlecht, wie Frauen oft vermuten, sondern ausgesprochen gut an.

Ihr Gegenüber nimmt Ihnen nicht übel, wenn Sie höflich, aber klar sagen, was Sie möchten. Nein, Ihr Gegenüber ist Ihnen dafür sogar dankbar, weil eine klare Kommunikation eben Klarheit schafft. Stellen Sie sich das Gegenteil vor: Sie sagen einem Mitarbeiter oder

Kollegen nicht, was Sie von ihm erwarten. Das ist schlechte Kommunikation. Der Ärmste weiß ja überhaupt nicht, was er tun soll! Egal, was er auch tut, er wird es falsch machen! Wenn Sie nicht freundlich und deutlich sagen, was Sie erwarten, wird Führung nicht funktionieren. Außerdem werden viele Menschen sauer auf Sie sein, weil Sie ihnen nicht sagen, was Sie eigentlich von ihnen erwarten.

MACHT IST EINFACH

Wie Sie vielleicht bemerkt haben werden, ist der Begriff »Macht« im Grunde ein irreführendes Reizwort. Im Führungsalltag kommt es überhaupt nicht auf Macht an. Es kommt vielmehr darauf an, dass Sie

● Verantwortung übernehmen und
● Ihre Erwartungen kurz und klar artikulieren.

Macht ist keineswegs eine Frage des Beherrschens von anderen, sondern eine Frage von Verantwortung und sprachlicher Klarheit. Dann werden Sie keine Probleme und nur die besten Erfahrungen mit Macht haben. Sie werden respektiert und anerkannt werden und die Erfolge erzielen, die Sie sich wünschen. So einfach ist das mit der Macht.

Übernehmen Sie Verantwortung.
Sprechen Sie klar Ihre Erwartungen aus.

WIE SIE MACHT SO GESTALTEN, DASS ES IHNEN DABEI GUT GEHT

Macht ist, was frau daraus macht. Leider gehen viele Frauen in einer Weise mit Macht um, die ihnen nicht gut tut oder die keine Ergebnisse bringt.

Maren möchte menschlich führen. Vor allem möchte sie den Anschein vermeiden, dass sie ihren Mitarbeitern unbequeme Arbeiten aufbürdet, während sie selbst sich die Rosinen aus dem Kuchen pickt. Deshalb gibt sie, wenn sie Aufgaben delegiert, immer einen Hinweis darauf, was sie selbst tut: »Bitte erledigen Sie ... Ich muss nämlich jetzt gerade die Projektdokumentation anfertigen.«

Diese Art der Rechtfertigung der eigenen Macht ist unter weiblichen Führungskräften weit verbreitet. Sie ist sehr kräfteraubend, weil Frauen damit ständig unter einem belastenden Rechtfertigungszwang stehen. Und weil sie dabei permanent mit Arbeit überladen sein müssen, damit sie tatsächlich eine gewichtige Aufgabe vorzuweisen haben, während der Mitarbeiter seine Aufgabe erledigt.

Ausgesprochen schädlich ist die Rechtfertigung gegenüber dem Mitarbeiter, weil sie die eigene Position untergräbt. Wer seine Macht rechtfertigt, sabotiert sich selbst. Wer sich vor einem Mitarbeiter rechtfertigt, stellt sich mit dem Mitarbeiter auf dieselbe Hierarchiestufe. Das ist zwar gut gemeint. Doch wer sich mit Mitarbeitern auf eine Stufe stellt, stellt sich nicht auf eine Stufe mit den anderen Führungskräften – und das nehmen diese übel.

Orientieren Sie sich an Ihresgleichen, an den Führungskräften, nicht an den Mitarbeitern.

Halten Sie beides auseinander: Orientieren Sie sich an den Führungskräften und führen Sie Ihre Mitarbeiter. Tun Sie das nicht, stellen Sie sich nicht nur außerhalb der Gemeinschaft der Führungskräfte, Sie schaden paradoxerweise auch Ihren Mitarbeitern. Wer sich fortwährend gegenüber Mitarbeitern rechtfertigt, tut so, als ob er dem Mitarbeiter Rechenschaft schuldig wäre und nicht umgekehrt. Das stellt die Welt des Mitarbeiters auf den Kopf. Er verliert die Orientierung und reagiert mit Verwirrung. Mitarbeiter finden es mehrheitlich nicht gut, wenn die Chefin sich mit ihnen auf eine Stufe stellt – damit beraubt die Chefin die Mitarbeiter der Führungskraft! Mitarbeiter wollen jemanden, der sie führt. Sie möchten jemanden, der Verantwortung übernimmt und Entscheidungen fällt. Kein Mitarbeiter würde zum Beispiel gerne Ihre Budgetentscheidungen treffen wollen.

Diese Selbstsabotage der Führungsfigur kennen wir aus der Erziehung: Wenn eine Mutter ihrer minderjährigen Tochter anbietet, sie nicht mehr mit »Mama«, sondern mit dem Vornamen anzureden, gewinnt die Tochter zwar eine neue gute Freundin – doch sie verliert die Mutter.

(Gute!) Führung gibt Orientierung, gibt Sinn und Motivation. All das brauchen Mitarbeiter nun einmal. Verweigern Sie es ihnen nicht. Dass Ihre Position Sie über Ihre Mitarbeiter stellt, heißt ja nicht, dass Sie Ihre Mitarbeiter ausbeuten oder unterdrücken sollen. Es heißt lediglich, dass Sie ihnen die nötige und vor allem von den Mitarbeitern gewünschte Orientierung und Motivation geben sollen – Führung eben.

Machen Sie sich keine Illusionen: Mitarbeiter wünschen Führung.

MÄNNLICHE MACHTSPIELCHEN:
WIE GEHEN SIE DAMIT UM?

Frauen haben häufig damit Probleme, dass Männer hin und wieder Machtspielchen spielen. Greifen wir drei der häufigsten heraus:

● »Ich fahr dir an die Karre!«
● »Ich bin der Größte!«
● »Ich bin der Experte für alles!«

Warum haben Frauen mit diesen und anderen Spielen Probleme? Weil sie selbst diese Rituale nicht kennen. Frauen haben andere Rituale. Deshalb reagieren sie oft falsch auf typisch männliche Rituale.

> Frank sagt zu Peter: »Diesen Mist willst du doch wohl nicht deinem Kunden präsentieren?!« Kirsten ist entsetzt über den Ton. Sie greift schlichtend ein: »Also so kannst du das doch nicht sagen, Frank!« Peter schaut sie irritiert an und meint zu Frank: »Ausgerechnet du sagst das. Wann warst du eigentlich mal nüchtern bei einer Präsentation?« Darauf lachen beide und gehen zum Tagesgeschäft über.

Frauen reagieren auf das ritualisierte Frotzeln unter Männern erstaunt bis schockiert. Sie missverstehen es als Beleidigung oder offenen Machtkampf und verstehen nicht, dass der »beleidigte« Mann sich nicht beleidigt fühlt. Warum fühlt er sich nicht beleidigt? Weil Männer das kollegiale Frotzeln für einen Ausdruck von Kollegialität, Kameradschaft, Sympathie und Wohlwollen halten – nach dem Motto: Was sich mag, das neckt sich. Deshalb fühlen Frauen sich unsicher und ausgeschlossen: Da läuft ein Spiel, bei dem sie nicht mitspielen können. Was tun?

Tipp

Checkliste: Wenn Männer frotzeln

- Versuchen Sie, die männliche Sicht des Frotzelns zu verstehen: Männer verstehen solche ritualisierten Verbalduelle als nette Neckerei.
- Setzen Sie bloß nicht die Oberlehrermiene auf und verbitten sich den groben Ton.
- Verkneifen Sie sich jede Wertung, vor allem die nonverbale: Viele Frauen ziehen oft missbilligend die Augenbrauen hoch oder schauen betont weg. Damit stellen sie sich außerhalb der Spielgemeinschaft.
- Verkneifen Sie es sich, sich automatisch in den »beleidigten« Mann hineinzuspüren – er fühlt nämlich eventuell das Gegenteil dessen, was Sie in ihn hineinprojizieren.
- Wenn Sie mitfrotzeln können, ohne sich dabei verbiegen zu müssen oder sich komisch vorzukommen – tun Sie's.
- Wenn nicht, hören Sie einfach interessiert zu – mit der Einstellung: Hör mal, was die Männer für ein interessantes Spiel spielen.
- Männer reden anders als Frauen. Akzeptieren und tolerieren Sie diese Andersartigkeit.

Männliches Machtspiel
»Ich bin **der Größte!**«

Männer spielen gerne das Machtspiel »Ich bin der Größte!«. Das heißt, sie demonstrieren gern und oft gute Beziehungen, Stärke und Einfluss. Sie

- trumpfen mit ihren Statussymbolen auf: »Mein Haus, mein Wagen, meine Yacht, ...«

- kämpfen um Statussymbole wie Firmenwagen und -parkplätze mit höchster Motivation,

- beeindrucken mit ihren Beziehungen: »Erst gestern sagte der Vorstandsvorsitzende zu mir ...«

Frauen kennen dieses Machtgehabe nicht, weil sie selbst es nicht einsetzen. Deshalb reagieren sie oft falsch darauf. Sie reagieren

- mit Ablehnung: »Was für ein Angeber!« oder

- beeindruckt und fühlen sich angesichts solch geballter Macht unbedeutend und klein.

Beide Reaktionen sind schädlich, weil sich Frauen mit der ersten Reaktion ins Abseits stellen; sie spielen die Spielverderberin. Mit der zweiten Reaktion machen sie sich selbst klein und verlieren die eigenen Stärken aus den Augen. Wie spielt frau dieses Machtspielchen richtig? Indem frau mitspielt. Stellen Sie sich nicht selbst ins Abseits, indem Sie die Nase rümpfen. Spielen Sie mit. Nach drei bis vier Versuchen macht das tatsächlich auch Spaß. Probieren Sie's ruhig aus, Sie werden erstaunt sein.

Versuchen Sie nicht, Männer beim Machtspiel »Ich bin der Größte!« auszustechen. Spielen Sie einfach nur mit.

Sie haben Hemmungen, weil Sie es schnöde finden, andere mit völlig unwichtigen Dingen wie Autos und Visitenkarten auszustechen? Wer sagt denn, dass Sie das Spiel mit Übertrumpfen und Ausstechen spielen sollen?

Das heißt: Nicht ausstechen, weil dadurch das Spiel eskaliert. Nehmen Sie einfach nur den Faden auf und zeigen Sie sich höflich unbeeindruckt. Mehr ist nicht nötig. Mehr wäre schädlich. Dazu ein Beispiel.

Brigittes Kollege protzt: »Endlich habe ich einen Firmenparkplatz direkt vor dem Hauptgebäude!« Brigitte lässt sich von so etwas nicht beeindrucken und meint: »Na, das ist doch prima!« Der Kollege freut sich über den Zuspruch – doch darauf kommt es gar nicht so sehr an. Es geht darum, dass Brigitte sich, ihm und den Kollegen bewiesen hat, dass sie dieses Managementspiel beherrscht.

Männliches Machtspiel: »Ich bin der **Experte** für alles!«

Männer sind gerne und oft für alles Experten – auch wenn sie manchmal kaum Ahnung vom jeweiligen Sachgebiet haben. Frauen haben dieses Imponiergehabe nicht im Repertoire. Deshalb reagieren sie oft falsch darauf. Sie reagieren

- beeindruckt: »Was der alles weiß!« oder
- ablehnend: »Der hat doch keine Ahnung!«

Beide Reaktionen sind eher schädlich, weil frau mit der ersten Reaktion auf die Vortäuschung von Expertenwissen hereinfällt und sich mit der zweiten Reaktion selbst ins Abseits befördert. Auch hier gilt:

Reden Sie mit, aber übertrumpfen Sie nicht.

Mit etwas Intelligenz und Allgemeinwissen kann frau wirklich zu jedem Thema etwas sagen. Wenn Sie sich das nicht zutrauen, weil Sie nicht die nötige Courage aufbringen oder vermuten, dass die am Gespräch beteiligten Männer tatsächlich viel mehr wissen als Sie, setzen Sie einfach eine typisch weibliche Stärke ein: gespielte Naivität.

IM KOSTÜM AN DIE FRONT: TYPISCH WEIBLICHE STÄRKEN

Wenn Männer das Machtspiel spielen »Ich bin für alles der Experte!«, setzen erfahrene Frauen oft eine typisch weibliche Stärke ein: gespielte Naivität. Sie machen ehrfurchtsvolle Miene zum Spiel und sagen: »Ach wirklich? Ist das so? Erzählen Sie doch mal ...!«

Viele Frauen verwechseln gespielte Naivität mit Unterwürfigkeit. So wirkt Naivität tatsächlich – wenn frau sie *unbewusst* einsetzt. Wenn sie *automatisch* auf einen Großsprecher mit »Ach, wirklich? Was Sie alles wissen!« reagiert. Diese unbewusste, reflexhafte, kleinmädchenhafte Naivität ist schädlich, weil sie Frauen klein und unterwürfig macht. Hinterher fühlen sich Frauen dabei immer schlecht: »Wie ich diesem Großmaul wieder auf den Leim gegangen bin!« Die gespielte Naivität dagegen ist eine Gesprächstechnik, die sofort zu einer gleichwertigen, wenn nicht überlegenen Gesprächsposition führt. Man stellt den Angeber quasi auf die Probe damit.

Bewusst eingesetzte Naivität nutzt allen und schadet keinem.

Das ist der Unterschied zwischen unbewusster und bewusst eingesetzter Naivität: Bei Letzterer fühlt frau sich nicht schlecht, sondern gut. Eine 37-jährige Ingenieurin sagt: »Wenn die Kollegen mal wieder über Dinge reden, von denen sie keine Ahnung haben, nicke ich aufmerksam und gebe mich naiv. Das kostet mich nichts und pflegt ungemein das Arbeitsklima.« Sie ist, überflüssig zu sagen, sehr beliebt bei den Kollegen, »weil man mit ihr über alles reden kann«.

Sie sehen: Weibliche Stärken verleihen auch eine Art Macht – und darüber hinaus eine sehr sozialverträgliche Art von Macht. Daher unser Tipp:

Setzen Sie weibliche Stärken im Beruf bewusst ein.

Dieser Tipp ist einfach genug. Trotzdem beherzigen ihn die meisten Frauen in Führungspositionen nicht. Sie verzichten auf einen großen Teil ihrer Stärke. Warum tun Frauen das?

DIE FRAU ALS DER BESSERE MANN

Frauen haben viele Stärken. In Machtpositionen verzichten sie jedoch gerade auf ihre typisch weiblichen Stärken. Warum? Weil Frauen in Machtpositionen sich an Männern orientieren. Sie vermännlichen ungewollt. Sie sehen und erleben jeden Tag nur Männer in der Führung. Deshalb sehen sie nach kurzer Zeit meist ebenso aus wie Männer, reden so und verhalten **Führung und weibliche Stärke sind kein Widerspruch.** sich so. Schlimmer noch: Da Frauen sich viel stärker in Führungspositionen beweisen müssen als Männer (das verlangt die in vielen Unternehmen vorherrschende Doppelmoral), werden Frauen nicht nur wie Männer, sie werden tougher, strenger und dynamischer als Männer. Sie werden die besseren Männer. Die typisch weiblichen Stärken bleiben dabei auf der Strecke.

Nirgends sieht man das so deutlich wie bei der Kleidung. Frauen in Führungspositionen kleiden sich oft nicht länger wie Frauen, sondern ahmen den männlichen Stil nach und kleiden sich erzkonservativ, hochgeschlossen, uniformistisch, konformistisch, im Gouvernantenstil. Das heißt: Sie verzichten **Wahren Sie den Dresscode an Ihrem Arbeitsplatz – aber spielen Sie innerhalb dessen Ihre weiblichen Stärken aus.** auf eine typisch weibliche Stärke. Tun Sie das nicht. Sie brauchen das eine für das andere nicht aufzugeben. Im Gegenteil: Verbinden Sie beides! Verbinden Sie täglich Ihre weiblichen Stärken mit Ihrer Führungsaufgabe. Verzichten Sie doch nicht ausgerechnet auf Ihre Stärken! Wenn Sie sich privat gerne gut kleiden, tun Sie das unbedingt auch in einer Führungsposition. Spielen Sie bewusst diese Stärke aus, anstatt so aussehen zu wollen wie ein Mann. Natürlich können Sie in einer Bank nicht im knallroten Kostüm zur Arbeit erscheinen. Jedoch:

Es gibt auch in gedeckten Tönen pfiffige und bewundernde Blicke auslösende Kostüme. Eine gute gekleidete Frau ist eine Augenweide – warum sollte sie das im Beruf nicht sein? Es spricht nichts dagegen. Was für Kleidung gilt, gilt für alle weiblichen Stärken: Setzen Sie im Beruf alle weiblichen Stärken ein, die Sie privat auch einsetzen.

Natürlich nicht im selben Umfang. Im Beruf kann man zum Beispiel nicht so kokettieren wie privat – aber kokett sein kann und soll frau auf jeden Fall (wenn sie es auch privat ist).

Tipp

Checkliste: Weibliche Stärken einsetzen

- Wenn Sie sich privat gerne gut kleiden, tun Sie das auch beruflich. Ahmen Sie nicht den männlichen Stil nach.
- Wenn Sie privat gerne charmant sind, setzen Sie Ihren weiblichen Charme auch in Ihrer Führungsposition ein.
- Akzeptieren Sie dankend den männlichen Beschützerinstinkt, anstatt zu denken: »Er tut das nur, weil ich eine Frau bin!«
- Setzen Sie bewusst darauf, dass Männer gegenüber Frauen offener reden – Sie kommen so an wertvolle Informationen.
- Nutzen Sie Ihre emotionale Intelligenz für die Beziehungspflege. Dass Männer oft keine Emotionen im Job zulassen, heißt nicht, dass Sie das nachahmen sollen.
- Fühlen Sie sich dabei jedoch nicht so intensiv in andere ein, dass Sie vor lauter Mitgefühl handlungsunfähig werden.

- Knüpfen und pflegen Sie Beziehungen. Bauen Sie Ihr eigenes Netzwerk. Viele Frauen tun das nicht, weil sie die typischen Männerseilschaften (Old Boys Network) nicht mögen. Wer sagt denn, dass Sie es wie die Männer machen müssen? Es geht auch anders.
- Wenn Sie privat gerne Ihre weiblichen Reize einsetzen, dann machen Sie das (situationsgerecht dosiert) auch beruflich. Wer privat gerne kurze Röcke trägt, kann und soll das auch beruflich – eben drei Zentimeter länger.

WARUM VERZICHTEN FRAUEN AUF WEIBLICHE STÄRKEN?

Frauen verzichten in Führungspositionen meist auf weibliche Stärken, weil ihnen die Vorbilder fehlen. Sie sehen fast nur Männer, also verhalten sie sich unbewusst wie Männer. Sie übernehmen den Mann unbewusst als Rollenmodell.

Das ist unklug, weil Männer jeden Vorteil nutzen, der sich ihnen bietet, Frauen aber ausgerechnet auf ihre typisch weiblichen Vorteile verzichten. Das ist Selbstdiskriminierung! Es ist überdies schädlich, weil Frauen nun eben mal keine Männer sind. Versuchen sie zu lange, wie Männer zu sein, nehmen sie seelisch und gesundheitlich Schaden. Es tut eben keinem gut, sich zu lange zu verbiegen.

Führung und weibliche Stärke sind kein Widerspruch.

In einem überwiegend weiblichen Kontext verzichten Frauen ebenfalls oft auf ihre typisch weiblichen Stärken, weil sie nicht zu sehr den Neid ihrer Mitarbeiterinnen und Kolleginnen schüren wollen: »Jetzt ist sie Chefin und sieht auch noch umwerfend aus!« Aus diesem Grund ganz bewusst auf weibliche Stärken zu verzichten, scheint als Taktik aufzugehen: Frau verhindert tatsächlich Neid damit. Das Problem ist nur: Gleichzeitig wird sie von ihren Kollegen und Vorgesetzten nicht mehr als Frau wahrgenommen.

Natürlich sollten Sie andere Frauen nicht zum Neid provozieren. Sie sollten gegenüber Chefs, Kunden und Kollegen jedoch immer Ihre weiblichen Stärken ausspielen.

Tipp

Auf einen Blick: Macht ist gut für Sie!

- Lösen Sie sich so rasch wie möglich vom Vorurteil: Macht ist etwas Negatives.
- Macht ist immer nur, was Sie draus machen.
- Macht ist im Grunde ein unsinniges Reizwort. Ersetzen Sie es durch: Verantwortung übernehmen und Erwartungen klar kommunizieren.
- Sagen Sie klipp und klar, was Sie erwarten. Punkt. Keine langatmigen Erklärungen, keine Entschuldigungen und bloß keine Rechtfertigungen!
- Rümpfen Sie nicht die Nase, wenn Männer Machtspielchen spielen. Das stellt Sie ins Abseits.
- Spielen Sie mit. Aber nicht, indem Sie zu übertrumpfen versuchen – das verbiegt Sie zu sehr und eskaliert nur. Spielen Sie einfach so mit, dass jeder sieht: Mit ihr ist zu rechnen. Sie beherrscht unser Spiel.
- Wenn Männer sich Beleidigungen um die Ohren hauen, prüfen Sie erst mal nach, ob sie kollegial frotzeln.
- Frotzeln Sie mit – oder beobachten Sie einfach das interessante Männerspiel.
- Wenn Männer »Ich bin der Größte!« spielen, spielen Sie mit. Übertrumpfen Sie nicht, aber zeigen Sie, dass Sie auch vieles vorzuweisen haben.
- Spielen Männer »Ich bin Experte für alles!«, spielen sie ebenso mit: nicht übertrumpfen, aber mitreden.
- Vermännlichen Sie nicht. Setzen Sie Ihre weiblichen Stärken im Beruf bewusst ein.

Kapitel 2

Ich möchte mich nicht verbiegen

Verbiegen ist keine attraktive Berufsperspektive

Wenn man den in Europa geringen Anteil an Frauen in Führungspositionen betrachtet, könnte man den Eindruck bekommen, dass die meisten Frauen gar nicht führen möchten. Tatsächlich ist das ein beliebtes Argument: »Frauen wollen im Grunde nicht in Führungspositionen!« Das stimmt nicht.

Viele Frauen können und möchten führen. Sie führen schon seit Jahrzehntausenden Familien, Sippen, Verbände, Vereine. Jedenfalls möchten sehr viel mehr Frauen führen, als tatsächlich in Führungspositionen arbeiten. Dieser statistische Widerspruch liegt an einem tiefer gehenden Widerspruch:

Frauen möchten führen – und zugleich sie selber bleiben.

Den meisten Frauen erscheint dieser Wunsch bald als unlösbarer Widerspruch in einer Führungsposition. Viele Frauen würden zum Beispiel gerne als Führungskraft ihre Emotionen zeigen, ihre Mitarbeiter auch emotional wahrnehmen. Doch wenn beispielsweise eine Abteilungsleiterin eine niedergeschlagene Mitarbeiterin mal tröstend in den Arm nimmt und ihr gut zuredet, heißt es von den Kollegen gleich: »So etwas macht ein Manager nicht. Er verbrüdert sich nicht mit gewöhnlichen Mitarbeitern. Im Business bleibt man sachlich!« Oder ganz unverblümt: »Seien Sie nicht so sentimental! Wie sieht das denn aus! Reißen Sie sich doch zusammen!« Das kann sie tun – doch damit verbiegt sie einen wesentlichen Teil ihrer Persönlichkeit. Diese Selbstbeschädigung macht Führungspositionen für Frauen nicht gerade attraktiv.

Frauen möchten auch in Führungspositionen offen und klar kommunizieren: »Unsere Kunden kaufen zurzeit viel weniger bei uns ein als im letzten Quartal.« Doch so redet ein Manager nicht. Ein Manager sagt: »Die Nachfrageentwicklung hat sich einem prozyklischen Trend angepasst.« Das versteht keiner, auch der Manager nicht. Deshalb sagt er es. Es imponiert, es ist »Impression Management«. Eine Seminarteilnehmerin meinte dazu: »Wenn ich mich beim Sprechen derart verbiegen muss, verzichte ich doch lieber auf eine Führungsposition.«

Frauen möchten in einer Führungsposition auch mal kokett sein. Doch Männer fassen das viel zu schnell als Einladung ins Bett auf. Also muss frau sich wohl verbiegen und sich wie eine britische Gouvernante (nichts gegen britische Gouvernanten) geben, oder?

Frauen würden gerne menschlicher führen – doch dann gelten sie als Weichei und »typisch Frau«. Also schlagen sie den überzogen harten Ton der Kollegen an – und leiden darunter, weil dieser Ton möglicherweise vielen Männern entspricht (das ist umstritten), aber auf keinen Fall dem jeder Frau.

Frauen würden gerne ihre Führungsrolle multidimensional anlegen: mal starke Lenkerin, mal fürsorgliche Mutter der Abteilung, mal kreative Vordenkerin. Doch das vorherrschende Rollenverständnis lässt dies nicht zu und verlangt eine fast eindimensionale Rollenauslegung. Sich verstellen und darunter leiden oder sich treu bleiben und darunter leiden?

Um es krass zu formulieren: Wenn Männer derart unattraktive Karriereaussichten hätten, wäre kein vernünftiger Mann in einer Führungsposition. So gesehen ist es schon erstaunlich, dass trotz dieser eklatanten Unattraktivität überhaupt so viele Frauen in Führungspositionen tätig sind. Wie reagieren Frauen nun auf den Führungsimperativ »Verbieg dich gefälligst, sonst ...!«?

VERBIEGEN MACHT KRANK

Werden Frauen kurz vor oder nach ihrem Aufstieg in eine Führungsposition mit dem Imperativ »Pass dich an!« konfrontiert, reagieren sie zunächst sauer bis schockiert. Sie möchten zwar einerseits der Aufforderung nachkommen, den Anforderungen gerecht werden. Andererseits wehren sie sich gegen diese Umerziehung: »Das bin ich einfach nicht! Das entspricht mir überhaupt nicht! Dagegen sträubt sich alles in mir!« Viele Frauen sagen auch: »Da bin ich nicht mehr echt. Ich frage mich, ob dieser Preis der Führung nicht zu hoch ist.«

Aus diesem Dilemma entspringt das Phänomen, dass viele exzellent ausgebildete Frauen mit höherer Kompetenz als ihre Kollegen eben nicht in Führungspositionen zu finden sind – weil ihnen der Preis zu hoch ist. »Das ist es mir einfach nicht wert« ist der Satz, der oft zu hören ist. Warum nicht? Weil eine Frau beim Karrieresprung buchstäblich an Persönlichkeit verliert, wenn sie große Teile ihres Charakters wie verlangt über Bord wirft. Als ob dies nicht schon bedenklich genug wäre, gilt darüber hinaus auch noch:

Wer sich zu lange verbiegt, entwickelt die typischen psychosomatischen Symptome: Verdauungsprobleme, Schlafstörungen, Rücken- und Kopfschmerzen, Herzprobleme (zunehmend auch bei Frauen), Tinnitus, Hautprobleme, Burnout ...

Je größer die Diskrepanz zwischen Führungsanforderungen und Persönlichkeit, desto schlimmer die Folgen des Verbiegens.

Und nun die gute Nachricht: Verstellen ist nicht nötig.

Keine muss
sich **verbiegen**!

Beobachten Sie einmal Mütter auf einem Kindergeburtstag, beim Picknick oder bei Familienfesten. Wirft ein Kind ein volles Glas um, was relativ häufig passiert, dann schimpfen einige Mütter das Kind sofort wegen seiner Unvorsichtigkeit – eine normale Reaktion, mag sein. Doch es gibt auch Mütter, die keinen Aufschrei von sich geben, den Schaden rasch beheben, das Kind trösten und ihm erklären, wie es das Glas so hinstellt, dass es nicht mehr so leicht kippen kann.

Es gibt in jeder Situation (mindestens) zwei mögliche Reaktionen: die Spontanreaktion und die überlegte Reaktion.

Wenn Sie mit Frauen über den beruflichen Aufstieg reden oder wenn Sie entsprechende Frauenliteratur lesen, dann ist ständig die Rede davon, dass Frauen sich in Führungspositionen zu sehr verstellen müssten, als dass Führung für Frauen wirklich attraktiv sein könne. Sich verbiegen ist zwar ein verbreitetes Phänomen, doch im

Grunde genommen ist es nichts weiter als eine wenig glückliche Spontanreaktion, für die es viel bessere, überlegte Reaktionen gibt.

Keine Frau muss sich in einer Führungsposition verbiegen!

Es gibt nämlich (mindestens) zwei sehr viel bessere, überlegte Reaktionen:

● Lassen Sie's drauf ankommen!
● Dosieren Sie: Nicht 100, aber vielleicht 50 Prozent?

Lassen Sie's drauf **ankommen**!

Wie gesagt: Sich verbiegen ist eine Spontanreaktion. Das heißt: Viele Frauen verstellen sich zu schnell. Lernen wir auch in diesem Punkt von erfahrenen Frauen:

> **Karin** würde gerne sehr persönlich führen. Leider ist der Führungsstil der männlichen Kollegen betont und bewusst unpersönlich. Karin fürchtet, dass ihr ein persönlicher Führungsstil als Schwäche ausgelegt werden könnte. Trotzdem lässt sie es eines Tages darauf ankommen. Was Frauen authentisch macht, lässt sich eben nicht so einfach unterdrücken. Also sagt sie zu einem seit Tagen missgelaunten Mitarbeiter: »Ich sehe, dass Sie nicht gut drauf sind. Was ist denn los? Ärger zu Hause?«

Im selben Augenblick, in dem Karin diese Worte spricht, fühlt sie sich erleichtert: »Ich habe endlich das gemacht, was mir entspricht.« Hatte Karin nicht Angst vor Zurückweisung? Immerhin ist der Mitarbeiter ein Mann und an den unpersönlichen Führungsstil gewöhnt.

Karin: »Ich habe mich auf eine eventuelle Zurückweisung vorbereitet. Hätte er nicht darüber reden wollen, dann hätte ich das respektiert. Toll daran ist: Selbst dann hätte ich mich gut gefühlt, weil ich
aus meinem Herzen keine Mördergrube gemacht und mich um ihn
gekümmert habe.« Sie ist eben echt geblieben.

Wie verhielt sich der Mitarbeiter? Er schaute zunächst überrascht und skeptisch, doch Karin drängte ihn nicht, blickte ihn
freundlich an und wartete einfach ab, bis er seine Hemmungen
überwunden hatte und sein Herz ausschüt-

Sie können andere nicht
umerziehen – aber Sie können
echt bleiben.

tete. Karin ließ es also darauf ankommen
und wurde dafür belohnt. Ihre Befürchtung, dass ihr typisch weiblicher Führungsstil nicht ankommen würde und sie sich
verbiegen müsste, war also nichts weiter als das: eine Befürchtung,
keine Tatsache. Tatsächlich war nicht nur der Mitarbeiter zufrieden, sondern auch einige von Karins Kollegen, die inzwischen eini-
ges von Karin abschauen und sich nun auch öfter trauen, etwas per-
sönlicher zu führen. Gerade deshalb heißt es auch, dass der weibliche Führungsstil überlegen sei.

Verbiegen Sie sich nicht. Bleiben Sie echt und lassen Sie's einfach
drauf ankommen – aber überlegen Sie immer auch, wie Sie angemessen auf Zurückweisung reagieren können. Wenn Sie sich auf diese
Weise vorbereiten, fällt Echtsein leicht. Gestehen Sie sich das Recht
zu, sich echt zu verhalten. Gestehen Sie jedoch auch Ihrem Gegenüber dieses Recht zu.

Wie verhalten Sie sich bei grober Zurückweisung? Wenn zum Beispiel Karins Mitarbeiter sagen würde: »Behandeln Sie mich nicht wie
ein kleines Kind! Was geht Sie überhaupt mein Privatleben an?«
Müssen Sie sich dann verstellen? Nein, verbiegen Sie sich nicht, re-
spektieren Sie lieber. Nämlich sowohl den anderen als auch sich
selbst. Er hat das Recht, emotional zu werden – Sie haben jedoch
auch das Recht, echt zu bleiben!

Viele Frauen gestehen sich dieses Recht nicht zu und entschuldigen sich: »Entschuldigen Sie, ich wollte Sie nicht wie ein kleines Kind behandeln. Ich wollte doch nur ...« Was tun sie da? Sie werden sich selbst untreu. Sie entschuldigen sich für etwas, was ihnen wichtig ist. Das sollte frau niemals tun. Bleiben Sie sich selbst treu, entschuldigen Sie sich nicht, verbiegen Sie sich nicht. Zeigen Sie einfach Verständnis für den anderen und sagen Sie sich: »Er ist nur eine Ausnahme. Deshalb muss ich mich nicht verbiegen. Keiner von uns muss das.«

Was tun Sie, wenn er eben keine Ausnahme ist und der Widerstand von überall her kommt? Dann haben Sie keinen Freiraum mehr für Authentizität. Dieser Arbeitsplatz ist ganz sicher ungesund für Sie. Suchen Sie mittelfristig nach einem neuen und wechseln Sie dann. Das ist weniger schlimm, als in so einem Job zu bleiben. Fallen Sie auf keinen Fall auf den Samaritertrieb herein: Sie können vielleicht einen einzelnen Menschen ändern – aber niemals eine komplette Abteilung! Also wechseln Sie.

Dosieren Sie!

Sie können echt und authentisch bleiben, indem Sie es darauf ankommen lassen. Sie können aber auch das, was Ihnen wichtig ist, klug dosieren.

> Sandra hat eine gute Figur und trägt gern enge Kleider. Gestern hat sie ein sehr figurbetontes Kleid in einer Boutique gefunden. Heute lässt sie es im Schrank hängen und wählt ein etwas weiteres für die Arbeit: »Auch im Job trage ich gerne figurbetont, aber eben nicht so extrem wie privat.«

Die Frage ist nicht, ob Sie kompromissfähig sind. Die Frage ist: Wie weit können Sie das, was Ihnen wichtig ist, dosieren und trotzdem noch echt bleiben?

Das heißt: Wie weit können Sie gehen? Wann ist die Dosierung so hoch verdünnt, dass Sie nicht mehr echt dabei sind? Finden Sie diesen Punkt heraus und bleiben Sie einfach in sicherem Abstand davon. Sandra zum Beispiel würde nie einen auch nur übers Knie reichenden Rock am Arbeitsplatz tragen. Also tut sie es nicht. Sie bleibt sich treu.

Authentizität ist keine Frage des Entweder-oder, sondern eine Frage der Dosierung.

Es gibt immer mehr als nur die zwei Möglichkeiten: Tun oder Bleibenlassen. Suchen Sie die dritte Möglichkeit. Die dritte Möglichkeit ist jene, bei der Sie noch sich selbst treu bleiben und gleichzeitig nicht anecken.

Praxis

Übung der Authentizität

In welchen Situationen haben Sie sich bislang verbogen? Notieren Sie sie, wenn Sie möchten, auf einem Blatt Papier. Wie können Sie in diesen Situationen Ihre Neigungen, Wünsche und Interessen so dosieren, dass Sie sich treu bleiben und trotzdem keine stürmischen Widerstände wecken? Notieren Sie diese Möglichkeiten ebenfalls. Probieren Sie sie aus. Verbessern Sie sie oder wählen Sie andere.

AUTHENTIZITÄT IST BESSER ALS ANPASSUNG

Authentizität ist besser als Anpassung, sowohl was Ihre Gesundheit als auch was Ihre Zufriedenheit betrifft. Wer sich anpasst, wird immer unzufrieden sein. Was viele Menschen nicht wissen:

Authentische Menschen sind erfolgreicher als angepasste. Das haben wir an Karins Beispiel gesehen: Sie bleibt sich treu, fragt den Mitarbeiter nach seinem privaten

Authentizität ist auch besser für den Erfolg.

Ärger und erntet damit einen dankbaren Mitarbeiter, der nach dem klärenden Gespräch wieder motiviert an die Arbeit geht. Eine angepasste Führungskraft hätte diesen Erfolg nicht erzielt (deshalb sind so viele Mitarbeiter passiv und frustriert).

Wer sich verstellt, hat auch deshalb weniger Erfolg, weil er unsicher wirkt – und das ist schlecht fürs Image im Business. Wer dagegen echt bleibt, wirkt zuverlässig, seriös, vertrauenswürdig.

Um erfolgreich zu sein und zu bleiben, sollten Sie sich nicht verbiegen. Denn damit werden Sie nicht nur unzufrieden und krank, sondern auch weniger erfolgreich.

Kunden, Mitarbeiter, Chefs, Kollegen und andere Menschen kaufen es Ihnen kaum auf Dauer ab, wenn Sie sich verstellen. Haben Sie Mut zur Echtheit!

Wer **sind** Sie?

»Mut zur Echtheit« ist ein tolles Motto. Doch was ist echt? Sie wissen ganz genau, wann Sie authentisch sind? Die meisten sind sich da nicht so sicher.

Franca hält sich für sehr teamorientiert. Sie arbeitet gerne im Team. Trotzdem ärgert sie sich in Teammeetings oft über den schleppenden Verlauf. Manchmal würde sie am liebsten in die Hände klatschen und sagen: »Also hört mal her, so geht das nicht. Lasst uns endlich zu Potte kommen. Warum machen wir das nicht einfach so und so?«

Einerseits ist Franca sehr teamorientiert, andererseits würde sie gerade in Teamsituationen oft gerne Einzelentscheidungen treffen – da passt etwas nicht zusammen! Was ist Franca denn nun? Eine Team- oder eine Einzelspielerin? Was ist für sie authentisch? Keine triviale Frage. Denn wenn Franca tatsächlich eher eine Einzelspielerin ist, hat sie drei Jahre umsonst in einen Job investiert, der stark teamorientiert ist! Vielen Frauen geht es so.

Finden Sie heraus, was für Sie authentisch ist.

Sie investieren viel Zeit, Energie und Engagement in Dinge, die ihnen nicht wirklich gut tun, weil sie ihnen eben nicht entsprechen. Hinterher merkt frau das zwar meist – doch da ist der Schaden schon geschehen.

Solange Sie nicht wissen, was für Sie authentisch ist, wissen Sie nicht, was Sie wirklich wollen und was Ihnen gut tut. Vor allem werden Sie nicht wissen, ob Sie sich in einer Führungsposition tatsächlich verbiegen (müssen) oder nicht. Viele Frauen fürchten, dass sie sich in einer Führungsposition verstellen müssten, obwohl das gar nicht der Fall ist, weil sie eben nicht wissen, was für sie authentisch und was nur aufgesetzt oder unbewusst übernommen ist. So denken wie Franca viele Frauen, dass sie lieber teamorientiert arbeiten – dabei würden viele, wenn sie sich einmal ergründen, lieber Einzelentscheidungen treffen.

Praxis

Was tut Ihnen wirklich gut?

Kreuzen Sie an, was am ehesten auf Sie zutrifft. Kreuzen Sie also nicht an, was in Ihrem Führungsjob oder einem angestrebten Führungsjob wichtig ist. Es gibt kein falsch oder richtig. Mit dieser Liste von Aussagen finden Sie vielmehr heraus, was Ihnen wirklich entspricht:

☐ Die Details einer Arbeit sind sehr wichtig für mich.

☐ Das große Bild ist mir bei der Arbeit wichtiger als Details.

☐ Ich halte gerne alle Fäden in der Hand.

☐ Ich lasse den Dingen gerne ihren Lauf.

☐ Ich kann gut und gerne auch mal fünf Dinge gleichzeitig tun.

☐ Ich arbeite lieber nach dem Motto: eins nach dem anderen.

☐ Unter Druck bringe ich die beste Leistung.

☐ Stress bei der Arbeit belastet mich. Ich möchte in Ruhe arbeiten.

☐ Ich möchte gerne sachlich bleiben.

☐ Ich habe gerne einen guten Draht zu allen.

☐ Ich bin ernsthaft bei der Arbeit.

☐ Ich mache gerne auch mal einen Spaß bei der Arbeit.

☐ Ich erledige Dinge, wenn sie nötig werden.

☐ Ich treibe Angelegenheiten gerne voran.

☐ Ich kann Entwicklungen, Prozesse geduldig begleiten.

☐ Es ist für mich wichtig, schnell zu Ergebnissen zu kommen.

☐ Ich improvisiere gerne.

☐ Ich arbeite gerne strukturiert, mit System.

☐ Ich arbeite lieber alleine.

☐ Ich arbeite lieber in einem Team.

☐ Ich schaue mir erst einmal an, wie sich eine neue Idee entwickelt.

☐ Für neue Ideen bin ich Feuer und Flamme.

☐ Ich höre anderen gerne zu.

☐ Ich rede gerne mit anderen.

☐ Konflikte kosten mich Energie.

☐ Konflikte sind wichtig für die Entwicklung guter Beziehungen.

☐ Ich mache ungern auf meine eigene Leistung aufmerksam.

☐ Ich kann meine Leistung gut nach außen darstellen.

☐ In neuen Ideen und Vorhaben sehe ich eher die Chancen.

☐ In neuen Ideen sehe ich eher die Risiken.

☐ Erfahrung ist für mich wichtig.

☐ Weiterbildung ist für mich wichtig.

☐ Ich möchte die Dinge, die ich tue, gut tun.

☐ Ich möchte mich durchsetzen.

☐ Ich lasse Gefühle spontan zu.

☐ Ich habe meine Emotionen unter Kontrolle.

☐ Flexibilität ist für mich wichtig.

☐ Wenn ich etwas zusage, halte ich es auch ein.

☐ Ich lasse die Dinge gerne auf mich zukommen.

☐ Ich denke, plane und handle sehr zielorientiert.

☐ Ich orientiere mich an meinen Wünschen und Ideen.

☐ Ich orientiere mich an Fakten und Erfahrungen.

☐ Ich verlasse mich gerne auf Bewährtes, Erprobtes.

☐ Ich arbeite am liebsten kreativ.

Was sagt Ihre
beste Freundin dazu?

Wer authentisch sein möchte, muss sich erst einmal selbst kennen lernen. Das klingt etwas seltsam. Doch allein die Tatsache, dass man seit Jahren mit sich zusammenlebt, heißt noch nicht, dass man sich selbst gut kennt. Seinen eigenen Standort gefunden zu haben gibt Sicherheit, Gelassenheit und Orientierung.

Wer seinen eigenen Standort kennt, verbiegt sich seltener oder weniger stark – oder kann auch mal ganz bewusst flexibel sein: Wenn Sie wissen, dass Sie so oder so sind, können Sie auch einmal ganz davon abgehen, ganz auf andere eingehen und sich wohl dabei fühlen – denn Sie wissen ja, Sie können sich nicht verlieren. Sie wissen, wer Sie sind.

> Nur wer authentisch ist, kann sich auch auf andere einlassen, ohne sich zu verbiegen.

Wer nicht ganz bei sich selbst ist, für den ist das Leben immer ein Kampf: »Der andere will mich verbiegen!« Wenn Sie Ihren Standort kennen, können Sie dagegen auf den anderen eingehen. Frauen, die ihren eigenen Standort noch nicht gefunden haben, halten eben häufig ihrem Arbeitgeber oder der Führungsposition vor, dass sie sie verbiegen wollen.

Praxis
Authentizität schützt vor dem Verbiegen

Wenn Sie das Gefühl haben, dass Sie sich in einer Führungsposition verstellen müssen, liegt es meist weniger an der Position sondern eher daran, dass Sie sich Ihrer eigenen Authentizität noch nicht klar bewusst und vor allem sicher sind. Finden Sie heraus, wer Sie wirklich sind und was Ihnen echt gut tut. Dann können Sie auch in bestimmten Situationen flexibel sein, um auf andere einzugehen – ohne sich dabei verbiegen zu müssen. Doch flexibel kann nur sein, wer sich selbst gefunden hat.

Betrachten Sie, was Sie in der obigen Aussagenliste angekreuzt haben. Schauen Sie sich an, was Sie wirklich möchten, wer Sie wirklich sind, was Ihre Persönlichkeit ausmacht, was Sie von der Arbeit erwarten. Dann stellen Sie sich die Frage: Was würde Ihre beste Freundin in der obigen Aussagenliste ankreuzen, wenn Sie sie bitten würden, jene Aussagen auszuwählen, die am besten zu Ihnen passen?

Fragen Sie Ihre beste Freundin danach. Erinnern Sie sich an Franca. Sie dachte, sie sei besonders teamorientiert. Sie täuschte sich darin. Sie bemerkte das noch nicht einmal, als sie die Aussagenliste ankreuzte. Das merkte erst ihre beste Freundin: »Was hast du da angekreuzt? Du triffst doch viel lieber Entscheidungen selbst, als dir ein Gremium oder ein Meeting ans Bein zu binden!« Franca meinte, sie müsste sich verbiegen, um in einer Führungsposition Entscheidungen auch einmal solo zu fällen – dabei war es genau umgekehrt! Sie musste sich all die Jahre in ihrer derzeitigen Position verstellen, wenn die Meetings mal wieder kein Ende nehmen wollten!

Unsere Eigenwahrnehmung ist nur zum Teil korrekt.

Wir brauchen das Korrektiv der Fremdwahrnehmung – doch wertschätzend muss sie sein. Was die beste Freundin über uns sagt, ist akzeptabel, da es wertschätzend ist. Die Funktion der besten Freundin kann natürlich auch jemand aus der Familie (Vater, Mutter, Schwester, Bruder, Cousine ...) wahrnehmen oder ein wirklich guter Kollege, der wertschätzend Feedback geben kann.

Warum täuscht unsere Eigenwahrnehmung uns so oft? Weil wir uns häufig so sehen, wie wir sein möchten – nicht, wie wir wirklich sind. Das ist nicht schlimm, das ist menschlich. Doch manchmal bedarf es der Korrektur. Vor allem wenn wir herausfinden möchten, was uns wirklich gut tut. Franca wollte einfach teamorientiert sein. Sie ist es aber nicht – deshalb wäre ein Führungsjob mit mehr Entscheidungsfreiraum sogar gut für sie. Bislang dachte sie das Gegenteil ...

»ICH KANN DAS NICHT!«

Viele Frauen schrecken vor Führungsjobs zurück oder haben Probleme mit ihrer Führungsaufgabe, weil sie sich verbiegen müssten, um die Rollenerwartungen zu erfüllen – zumindest glauben das viele.

> **Christine** muss sich als frisch gebackene Innendienstleiterin mit vielen unhöflichen Kunden herumschlagen: »Als Abteilungsleiterin müsste ich denen viel selbstbewusster gegenübertreten – aber das kann ich nicht!«

Sie glauben, dass sie nicht die Fähigkeiten mitbringen, die eine Führungsposition von ihnen verlangt, oder dass sie sich verbiegen müssten, um den Anforderungen zu genügen. Das ist jedoch lediglich eine Befürchtung. Tatsächlich ist das Gegenteil der Fall. Gehen Sie im Zweifelsfall immer vom Gegenteil aus: Woher habe ich diese Fähigkeiten? Von Zuhause. Wer jemals als Schwester oder Mutter einem Elfjährigen sagte, dass jetzt aber genug sei, kann auch einem (wie ein Elfjähriger quengelnden) Kunden selbstbewusst und wortgewandt gegenübertreten. Nur die Situation ist anders – die kommunikative Fähigkeit bleibt dieselbe. Das trifft auf alle Fähigkeiten zu.

Viele Frauen glauben, dass sie nicht können, was in einem Führungsjob verlangt ist.

> **Christine** hat 25 Mitarbeiter unter sich. Da flackert immer irgendwo ein Konflikt auf: »Immer diese Kleinkriege! Eigentlich müsste ich dazwischengehen – doch das liegt mir einfach nicht.« Sie glaubt, sie müsse sich verstellen, um den Konfliktmanager zu spielen: »Das liegt mir nicht.«

Das stimmt nicht. Denn wer sie bei privaten Konflikten beobachtet, weiß: Christine geht keinem Konflikt aus dem Weg. Sie geht sofort auf den anderen zu, noch bevor dieser überhaupt laut wird, und fragt: »Was ist los? Lass uns drüber reden!« Das entspricht durchaus der Beobachtung, dass Frauen »geborene« Schlichter sind.

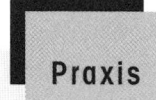

Praxis

Die privat-berufliche Äquivalenz

Für jede berufliche Anforderung einer Führungsposition verfügen Sie über eine entsprechende private Fähigkeit.

1) Suchen Sie diese äquivalente (entsprechende) Fähigkeit.
2) Übertragen Sie sie in die Führungsposition.

Ich brauche beruflich folgende Fähigkeit:

_____

_____

_____

_____

Dies entspricht meiner privaten Fähigkeit:

_____

_____

_____

Womit viele Frauen ebenfalls Probleme haben, ist die rhetorische Durchsetzungsfähigkeit im Führungsjob: »Ich kann das nicht, das traue ich mich nicht, da müsste ich mich zu sehr verbiegen, um so knallhart reden zu können.« Auch deshalb kommen Frauen in der Führung oft unter die Räder: Sie können es besser, sie wissen es besser – doch sie können sich nicht verbal durchsetzen. Falsch: Sie glauben, dass sie es nicht könnten.

> Frauen können sich sehr gut verbal durchsetzen – sie vergessen das nur leider oft in Führungspositionen.

Überlegen Sie doch mal, wo Sie privat, in der Beziehung, in der Familie, im Freundeskreis, das durchsetzen, was Sie haben möchten. Bei vielen Frauen ist das beim Essen, bei der Wohnungseinrichtung, bei der Wahl des Urlaubsziels, beim abendlichen Ausgang, bei den Kleidern der Kinder oder bei dem, was der Partner heute abend auf keinen Fall anziehen sollte. (»So lasse ich mich nicht mit dir in der Öffentlichkeit sehen!«)

Natürlich ist die berufliche Situation eine ganz andere – doch Sie können sie mit derselben verbalen Durchsetzungsfähigkeit meistern, die Sie sich privat angeeignet haben.

Viele Frauen haben auch mit der Vorreiterrolle in der Führungsposition Probleme: »Ich möchte hier nicht die Vorturnerin machen!« Etliche Frauen glauben, sich dabei verstellen zu müssen – doch abends im Turnverein oder im Sportstudio haben sie plötzlich keine Hemmungen mehr, beim Aerobic die sprichwörtliche Vorturnerin zu machen.

> In einer Führungsposition stellt man sich nicht über andere. Man bzw. frau übernimmt Verantwortung.

Sie vergessen lediglich, dass die eine Anforderung so gut wie die andere ist.

»Ich möchte mich nicht über andere stellen«, sagen manche Frauen und lehnen einen Führungsjob ab, »das entspricht mir nicht.« Gleichzeitig verzichten sie jedoch privat nicht auf die bessere Wohnung, wenn sie sich diese leisten können. Und sie übernehmen auch in Vereinen und Vereinigungen Verantwortung.

Sich über andere stellen hat etwas Negatives. Vorbild zu sein oder sich das zu gönnen, was einem zusteht, ist dagegen etwas Positives. Sehen Sie es von dieser Warte aus.

Frauen fühlen sich oft auch von der beruflichen Kreativität überfordert, die in einem Führungsjob verlangt wird: »Was soll ich machen, wenn ich etwas Neues entwickeln soll? Ein Konzept, eine Planung, eine Produktidee? Da fällt mir doch nichts ein. Das ist nichts für mich. Das bringe ich einfach nicht.« Doch. Nämlich in den eigenen vier Wänden.

Vergleichen Sie einfach mal die Wohnungseinrichtung von männlichen und weiblichen Singles – dann wissen Sie, wer kreativ ist.

Es ist eine Sache, eine Wohnung kreativ einzurichten, und eine völlig andere Sache, im Business Kreativität zu zeigen. Stimmt nicht. Es ist ein und dieselbe Kreativität – es gibt nur eine! Wenn Sie diese Kreativität vor einer Ikea-Regalwand entfalten, dann besitzen Sie auch die Kreativität, einen Business-Plan zu erstellen. Geben Sie sich eine Chance. Sagen Sie nicht von vornherein, dass es unmöglich ist. Probieren Sie's aus, lassen Sie die Kreativität im Beruf ebenso fließen wie im privaten Bereich. Wenn Sie privat ohne Druck am kreativsten sind, dann sorgen Sie eben dafür, dass Sie auch beruflich in einer wenigstens zeitweilig druckfreien Atmosphäre kreativ sein können.

Erinnern Sie sich Ihrer Fähigkeiten

Warum haben viele Frauen das Gefühl, den beruflichen Anforderungen in einer Führungsposition nicht gerecht zu werden oder sich dafür verbiegen zu müssen? Weil sie ihre beruflichen Fähigkeiten geringer einschätzen, als sie tatsächlich sind. Häufig zeigen die bei der Bewerberauswahl eingesetzten Assessment Center, dass Frauen im Schnitt die bessere Führungskompetenz haben.

Warum weiß das jeder Personalleiter, aber nicht jede Frau? Weil Frauen ihr Licht unter den Scheffel stellen. Dazu wurden sie erzogen: »Gib nicht so an! Stell dich nicht in den Vordergrund!«

Wer sich von dieser Fehlerziehung frei machen möchte, sollte lernen, stolz auf die eigenen Fähigkeiten und Leistungen zu sein, sollte es sich regelrecht angewöhnen, diesen gesunden Stolz zu entwickeln. Stolz hat nichts mit Angeberei zu tun. Stolz kann frau auch ganz im Stillen sein. Hauptsache, sie erkennt dabei, über welche überragenden Fähigkeiten sie in der Tat verfügt.

Alles, was Sie in einer Führungsposition können müssen, können Sie bereits – und das, ohne sich verbiegen zu müssen. Sie brauchen sich dazu lediglich Ihrer Fähigkeiten wieder zu erinnern.

Wann immer Sie in Ihrer Führungsposition mit Anforderungen konfrontiert sind, die Ihnen zu schwierig erscheinen, suchen Sie nach der entsprechenden privaten Fähigkeit und übertragen Sie sie einfach ins Berufliche. Das ist eine Übung, die Ihnen nach drei bis vier Durchgängen immer leichter fallen wird.

> Mädchen werden dazu erzogen, nett zu sein. Jungs werden dazu erzogen, sich durchzusetzen.

In Führungspositionen erfolgreiche Frauen beherrschen diese Übertragung übrigens intuitiv. Auf die Frage, warum sie mit ihrem cholerischen Vorstandsvorsitzenden im Gegensatz zu ihren männlichen Kollegen so gut klar komme, sagte eine Abteilungsleiterin: »Wenn er die Nerven verliert, erinnert er mich an meinen Sohn, als der in der Trotzphase war. Und genauso behandle ich ihn auch. Mit Geduld. Ich gebe ihm die Chance, sich wieder einzukriegen. Bei meinem Sohn hat das funktioniert und bei ihm funktioniert das auch.«

Tipp

Auf einen Blick: Seien Sie authentisch!

- Verzichten Sie nicht auf eine Führungsposition, nur weil Sie glauben, sich dafür verbiegen zu müssen: Sie müssen es nicht!

- Selbst wenn Sie sich verbiegen könnten: Tun Sie's nicht! Verbiegen ist geistig und körperlich sehr ungesund.

- Darüber hinaus gilt: Wirklich zufrieden und gleichzeitig erfolgreich können nur authentische Menschen sein.

- Authentizität ist immer besser, gesünder und erfolgreicher als Anpassung.

- Verbiegen ist nur eine von drei Möglichkeiten, auf Anforderungen zu reagieren – sie ist leider die schlechteste.

- Statt sich zu verbiegen, lassen Sie es das nächste Mal einfach darauf ankommen – und überlegen Sie, wie Sie damit umgehen, wenn Ihnen Widerspruch entgegenschlägt. Das wird übrigens viel seltener passieren, als Sie erwarten.

- Entschuldigen Sie sich nie für authentisches Verhalten.

- Gestehen Sie sich selbst das Recht zu, sich authentisch zu verhalten.

- Gestehen Sie anderen Menschen gleichzeitig das Recht zu, dass sie nicht mögen, wenn Sie authentisch handeln.

- Das heißt nicht, dass einer von beiden nachgeben muss. Entweder-oder gibt es im wirklichen Leben selten. Für die Authentizität gilt ein Sowohl-als-auch. Sie dürfen authentisch sein – und der andere muss das nicht mögen.

- Selbst wenn der andere es nicht mag, werden Sie spüren, wie gesund es ist, authentisch zu bleiben.

- Wenn Sie es nicht darauf ankommen lassen wollen, dosieren Sie einfach Ihr Verhalten: Welche Abstriche können Sie machen – und trotzdem noch authentisch bleiben?

- Finden Sie heraus, was Authentizität für Sie bedeutet: Wann sind Sie wirklich echt? Was tut Ihnen wirklich gut?

- Befreien Sie sich von Wunschbildern: Trennen Sie das, was Sie eigentlich sein wollen oder sollen, von dem, was Sie wirklich sind – Ihre beste Freundin hilft Ihnen dabei.

- Alles, was Sie in einer Führungsposition benötigen, haben Sie bereits.

- Finden Sie für jede verlangte Fähigkeit in einer Führungsposition eine häusliche oder private Fähigkeit, die jener entspricht – und übertragen Sie sie einfach in den Führungskontext.

- Bleiben Sie sich treu – und gleichzeitig so flexibel, um auch auf andere eingehen zu können!

Kapitel 3

Umgang
mit
Energieräubern

Ein Führungsjob ist für viele Frauen knochenhart. Wenn wir beobachten, wie sich Frauen am Ende eines 12-Stunden-Tages mental
und körperlich am Ende nach Hause schleppen, keine Zeit, keine
Lust und keine Energie mehr für ein nen-
nenswertes Privatleben oder die Familie
aufbringen, kaum mehr soziale Kontakte
und so gut wie keinen Ausgleich mehr ha-

**Wenn wir selbst für ein Problem
verantwortlich sind, können wir
es auch selbst lösen!**

ben, dann können wir verstehen, warum eine Führungsposition für
viele Frauen so unattraktiv erscheint. Diese Unattraktivität ist so
unangenehm wie unnötig: Führungsjobs sind nicht deshalb so hart,
weil sie so hart sind, sondern weil Frauen sie so hart machen.

Das ist die bittere Wahrheit. Sie ist auf den ersten Blick schmerz-
haft: Frauen sind selber schuld! Doch das stimmt nicht. Schuld hat
keine. Es geht nicht um Schuld. Es geht um Verantwortung. Und da
dreht sich das Ganze völlig um: Probleme, für die wir selbst verantwortlich sind, können wir auch selbst lösen.

So einfach ist das manchmal. Führungsjobs sind nicht deshalb so hart, weil Führungsjobs so hart sind, sondern weil sich viele Frauen den Job zu hart machen, zu viel arbeiten, zu viel Zeit in Unnötiges investieren und sich vor allem ungeheuer viel Zeit und Energie von Zeitdieben und Energievampiren stehlen lassen. Frauen in Führungsjobs arbeiten in der Regel zu viel. Sie arbeiten mehr als verlangt und mehr, als ihrer geistigen und körperlichen Gesundheit zuträglich ist. Dieses Zuviel raubt Zeit und Energie. Zeit und Energie, die für den ganzen Rest des Lebens fehlen und obendrein sinnlos vergeudet sind. Viele Frauen nehmen Überstunden, Überforderung, Stress, Druck und Ärger als Preis der Position hin – anstatt zu bemerken, dass sie sich ganz einfach die Zeit stehlen lassen! Warum lassen sich Frauen Zeit und Energie stehlen? Weil sie oft

1. perfekt sein wollen
2. kraftraubende Self-Management-Strategien benutzen
3. indirekt kommunizieren
4. Everybody's Darling sein möchten
5. die Unersetzliche spielen
6. auf Teufel komm raus teamorientiert sein wollen
7. lieber etwas tun, als darüber zu reden.

Diese sieben Energieräuber betrachten wir nun im Einzelnen.

ERSTER ENERGIERÄUBER: PERFEKTIONISMUS

Im Sommer konnten wir eine Gruppe Fünfjähriger beim Ausflug ins Freibad beobachten. Jungs und Mädchen gingen zusammen auf die Liegewiese. Die Mädchen legten fein säuberlich ihre Handtücher auf die Wiese, schön ausgerichtet. Die Jungs pfefferten ihr Handtuch irgendwo in die Gegend und rannten dann zum Schwimmbecken.

Zwanzig Jahre später dasselbe Bild: Wenn zehn Frauen eine Aufgabe machen, dann sieht das durchschnittliche Ergebnis anders aus als das von zehn männlichen Kollegen.

Viele Frauen kennen seit früher Kindheit nichts anderes: Wer seine Sache perfekt macht, wird gelobt, bekommt Anerkennung. So lernt ein Mädchen, perfekt zu sein. Perfektionismus am richtigen Platz und zur richtigen Zeit ist eine schöne Tugend. Sie hat nur leider zwei gravierende Nachteile: Perfektionismus

Viele Frauen tendieren mehr oder minder stark zum Perfektionismus.

- wird im Business selten verlangt oder belohnt,
- ruiniert die Gesundheit.

Lena soll eine Präsentation über ihr Projekt vorbereiten. Einen ganzen Tag lang konzipiert sie Tabellen, Folien und Begleittexte, entwirft stundenlang mit einem Zeichenprogramm Charts und Diagramme. Der Kollege, der sein Projekt vor ihr präsentiert, hat dagegen in zwei Stunden einige Schaubilder aus einem Buch kopiert und malt ein paar Zahlen ans Flipchart. Er bekommt denselben Beifall vom Geschäftsführer wie Lena. Warum? Weil der Geschäftsführer einfach nur über den Stand der beiden Projekte informiert werden wollte – er wollte keine Doktorarbeit.

Was Sie an Zuviel in eine Aufgabe investieren, geht zulasten Ihres persönlichen Zeitkontos, Ihres Privatlebens, Ihrer Gesundheit und Zufriedenheit, ja Ihrer Karriere. Und ist das persönliche Zeitkonto nicht ohnehin ständig überzogen? Wollen Sie noch stärker ins Minus rutschen? Wenn Sie es oft gar zu genau nehmen, viel zu wenig Zeit für sich selbst haben, in zu kurzer Zeit zu viel leisten müssen, sich also im Verdacht haben, manchmal etwas zu perfektionistisch zu sein, dann: Achten Sie ganz bewusst auf den richtigen Zeitpunkt, aufzuhören!

Tipp

Checkliste: Vom richtigen Zeitpunkt, aufzuhören

Wann sollten Sie mit einer Arbeit aufhören und es gut sein lassen? Hören Sie sofort auf,

- wenn es nicht mehr locker von der Hand geht, sondern richtig zäh wird. Fragen Sie sich: Lohnt es sich noch, weiterzumachen? Wie viel Ertrag bekomme ich für den zusätzlichen Aufwand? Meist bekommt man nur noch wenig Ertrag für viel Aufwand (Prinzip des abnehmenden Grenzertrags);
- wenn das, was Sie bisher erarbeitet haben, fehlerfrei ist. Das ist häufig überraschend früh der Fall. Viele Frauen gehen ein Dokument oder eine Arbeit immer und immer wieder durch – obwohl sie schon beim letzten Durchgang keine echten Fehler, sondern nur noch »Verbesserungsmöglichkeiten« fanden;
- wenn ein Kollege, Kunde, Vorgesetzter, Mitarbeiter oder anderer Mensch sagt: »Sind Sie immer noch an dieser Arbeit?«;
- wenn Sie sich nicht sicher sind, ob verlangt war, dass die Aufgabe erledigt wird, oder ob verlangt war, dass die Aufgabe perfekt erledigt wird;
- wenn Sie sich im Verdacht haben, die an Sie gestellten Erwartungen zu übertreffen;
- wenn Ihr Zeitkonto immer stärker ins Minus rutscht.

Lernen Sie, aufzuhören. Das muss frau lernen. Das ist nicht leicht – aber es ist sehr viel leichter, als ein Leben lang unter Perfektionismus zu leiden. Das hält frau nämlich kein ganzes Leben lang aus. Dieser Lernprozess ist lebenslänglich. Sie werden nicht über Nacht lernen, aufzuhören. Seien Sie also geduldig mit sich. Wenn Sie morgen auch nur eine einzige Arbeit ein bisschen früher aufhören als sonst üblich oder nicht ganz so perfekt machen, dürfen Sie sich gratulieren. Das ist ein echter Durchbruch. Denn damit haben Sie ein Selbstsabotagemuster durchbrochen, das Sie Ihr ganzes bisheriges Leben verfolgt hat.

Sagen Sie sich bei Aufgaben ganz bewusst: »Bis hierher und nicht weiter!« Es sei denn, Sie haben entweder ganz viel Zeit und können sich Ihren Perfektionismus gerade leisten, oder ein perfektes Ergebnis wurde ausdrücklich verlangt. Das ist übrigens selten der Fall. Im Business kommt es darauf an, dass Aufgaben erledigt werden. Es kommt nicht darauf an, dass sie perfekt erledigt werden. Denn perfekte Leistungen bezahlt der Markt nicht. Denken Sie dabei an VHS versus Betamax. Betamax ist das technisch überlegene Videosystem – und wer kennt es heute noch? Business bedeutet, das zu geben, was sich die Menschen wünschen – nicht, was man selbst für perfekt hält. So eigensüchtig sollte man wirklich nicht sein. Fragen Sie sich bei jeder Aufgabe: Leiste ich gerade wirklich das, was verlangt ist, oder lasse ich mir lediglich vom Perfektionismus die Energie rauben?

Perfektionismus ist sehr anstrengend. Befreien Sie sich von diesem Energieräuber. Den meisten Frauen gelingt das auch nach kurzer Zeit ganz gut. Falls es Ihnen nicht gelingt, kann es sein, dass Ihr Perfektionismus besonders stark ausgeprägt ist. Ein guter Coach kann Ihnen helfen, ihn loszuwerden.

ZWEITER ENERGIERÄUBER: KRAFTRAUBENDE
SELF-MANAGEMENT-STRATEGIEN

Es gibt eine Menge Vorgehensweisen (Strategien), die sehr viel Kraft rauben und dabei noch nicht einmal brauchbare Ergebnisse bringen. So tritt Karl so lange gegen seinen festsitzenden Winterreifen, bis sein großer Zeh weh tut. Sein Freund Peter besorgt sich dagegen ein Stemmeisen und hebelt das festsitzende Rad vom Wagen. Einige der häufigsten kraftraubenden Strategien betrachten wir im Folgenden.

Jede Aufgabe lässt sich auf zwei Arten erledigen: sehr kraftraubend und weniger kraftraubend.

- *Sich verbeißen.* Viele Frauen verbeißen sich in Aufgaben, bei denen längst kein Fortschritt mehr festzustellen ist: »Das muss doch irgendwie zu schaffen sein!« Dabei treten sie stundenlang auf der Stelle – das kostet und vergeudet Kraft (ganz zu schweigen von der Zeit!). Sobald Sie merken, dass Sie auf der Stelle treten und nur noch Energie vergeuden, verordnen Sie sich selbst eine Denkpause. Die besten Ideen und Lösungen kommen einem meist beim Duschen, Baden, Joggen, ... eben beim Pausemachen! Sie kommen einem auf keinen Fall, wenn man total verkrampft sich in ein Problem verbissen hat. Lernen Sie, darauf zu achten, wenn Sie sich verbeißen, und pflegen Sie die Kunst der kreativen Pause! Bei der Arbeit können Sie nicht joggen – aber vielleicht in die Nachbarabteilung gehen oder eine Besorgung machen?
- *Schuldgefühle.* Frauen im Beruf haben deutlich mehr Schuldgefühle als Männer. Wenn sie abends zu lange am Arbeitsplatz sind, haben sie wegen der Familie oder der Beziehung ein schlechtes Gewissen. Sind sie dagegen bei Familie oder Partner, haben sie ein

schlechtes Gewissen wegen der Arbeit. Diese Schuldgefühle sind echte Energievampire. Leiden Sie nicht unter Schuldgefühlen, sondern denken Sie bewusst nach: Wie kann ich meine Zeit organisieren, um meinen Prioritäten besser gerecht zu werden?

Schuldgefühle nutzen keinem. Weder Ihrer Familie noch dem Partner oder dem Chef und am allerwenigsten Ihnen selbst. Sich besser zu organisieren vertreibt Schuldgefühle, vertreibt den Energievampir. Schuldgefühle saugen Sie nur dann leer, wenn Sie still sitzen bleiben. Tun Sie's nicht. Organisieren Sie Ihre Zeit entsprechend Ihren Prioritäten. Das setzt voraus, dass Sie Ihre Prioritäten kennen. Viele Frauen kennen sie eben nicht – deshalb geraten sie überhaupt erst in Situationen, in denen sie ein schlechtes Gewissen bekommen.

> Marion sitzt immer noch im Meeting, obwohl sie jetzt eigentlich ihren Sohn vom Kindergarten abholen müsste. Sie ist hin- und hergerissen. Geht sie, hat sie wegen der Kollegen ein schlechtes Gewissen. Geht sie nicht, hat sie wegen ihres Sohnes ein schlechtes Gewissen. Sie steckt in einem Dilemma: Egal, was sie tut, sie hat dabei ein schlechtes Gefühl. Dieses Dilemma verschlingt ihre ganze Energie.

Deshalb setzt sich Marion in einer ruhigen Minute hin, um exakt solche Situationen künftig zu vermeiden. Sie klärt ihre Prioritäten, indem sie sich fragt: Was ist mir wichtiger? Ein Meeting mit den Kollegen oder mein Versprechen gegenüber meinem Kind? Ihr fällt dazu ein geflügeltes Wort ein: Die Arbeit wartet, wenn man seinem Kind einen Regenbogen zeigen will. Aber der Regenbogen ist weg, wenn man erst die Arbeit macht.

Damit sind Marions Prioritäten klar. Ihre Freundin Susanne wendet ein: »Aber damit bekommst du doch Probleme bei der Arbeit, mit den Kollegen!« Nein. Das ist eine typische Befürchtung vieler Frauen. Sie ist jedoch nur das: eine Befürchtung. Tatsächlich gibt es keinerlei

Probleme, wenn frau die eigenen Prioritäten nicht verschämt und indirekt, sondern klar, direkt und höflich kommuniziert. Marion sagt: »Bitte keine Meetings mehr nach 17 Uhr. Ich möchte meinen Sohn vom Kindergarten abholen. Es ist einfach zu grausam, ihn dort mutterseelenallein warten zu lassen.« Wenn etwas klar und nachvollziehbar geregelt ist, halten sich andere auch daran.

- *Selbstvorwürfe.* Viele Frauen beschäftigen sich erstaunlich intensiv und ausdauernd mit Selbstvorwürfen. Wenn ein Gespräch, eine Präsentation, ein Projekt, eine Aufgabe nicht so lief wie geplant, machen sich manche Frauen tagelang Vorwürfe (Männer dagegen schieben die Schuld tendenziell auf andere oder die Umstände). Es ist klar, dass solche Selbstvorwürfe Kraft rauben. Wie Sie dem ein Ende bereiten, lesen Sie unten im Abschnitt »Ein gesundes Selbstwertgefühl«.

- *Ärger.* Ärger im Business ist vorprogrammiert: Der Lieferant liefert mängelbehaftet, der Mitarbeiter hält eine Zusage nicht ein, ein Kollege schießt einen Bock und schiebt es auf Sie ... Viele Frauen im Beruf fressen diesen Ärger in sich hinein. Das ist sehr ungesund, wie jeder Internist weiß. Es kostet auch unheimlich viel Kraft, diesen reingefressenen Ärger unten zu halten, damit er einem nicht ständig hochkommt. Dabei ist der Energiesparmodus relativ einfach zu aktivieren: Nicht ärgern, sondern ändern!
Tun Sie bewusst etwas, um den Ärger abzustellen. Stellen Sie die Ursache ab. Wenn Sie die Ursache des Ärgers nicht abstellen können, führen Sie wenigstens ein klärendes Gespräch. Wenn auch das nicht geht, sprechen Sie mit einer guten Freundin oder einem wirklich guten Kollegen darüber. Das befreit vom Ärger. Tun Sie einfach alles, was Sie vom Ärger befreit. Ärger kommt zwar von allein, doch er geht nicht von allein. Sie müssen nachhelfen. Das nennt man auch Psychohygiene – das ist wie Zähneputzen. Tun Sie's.

- *Der falsche Job oder die falsche berufliche Umgebung.* Was frisst an Ihrem Arbeitsplatz die meiste Energie? Manchmal sind die Umstände ganz einfach kraftraubend. Wenn Sie zum Beispiel als hoch kreativer Mensch in einer Großbank arbeiten müssen, haben Sie möglicherweise nicht viel Freude bei der Arbeit. Kreativität ist nicht verlangt, und das kostet Kraft. Also müssen Sie den Job als Bankkauffrau aufgeben? Nein, aber Sie sollten zum Beispiel zu einer kleineren Bank wechseln, bei der Kreativität eher gefragt ist. Oder in eine andere Abteilung Ihrer Bank, in der Sie stärker kreativ denken und handeln dürfen. Eine Arbeit, die Sie nicht zufrieden stellt, sollten Sie nicht auszuhalten versuchen. Das geht immer schief. Das kostet zu viel Kraft. Das kann man keine fünf Jahre machen, ohne geistige und körperliche Schäden davonzutragen. Finden Sie heraus, was Sie wirklich vom Beruf wollen, und wählen Sie dann die passende berufliche Umgebung im selben Unternehmen oder bei einem anderen Arbeitgeber.

- *Negative Suggestionen kosten Kraft.* Frauen suggerieren sich oft negative Gedanken, sowohl was sie selbst als auch was andere betrifft: »Das wird ganz schön schwierig.« »Das schaffe ich nie.« »Das haut wieder nicht hin.« Mit solchen Gedanken im Kopf lebt und arbeitet man wie mit angezogener Handbremse. Das kostet Kraft. Auch für diese hinderliche Strategie finden Sie die Lösung im nächsten Abschnitt.

Ein **gesundes** Selbstwertgefühl

Wie stellen Sie sich einen Menschen vor, der sich bei der Arbeit Zeit und Energie stehlen lässt? Selbstbewusst, durchsetzungsstark und gut organisiert? Sicher nicht. Wohl eher hektisch, unsicher und überarbeitet.

Je selbstbewusster Sie sind, mit umso mehr Energie gehen Sie durch den Tag, desto mehr Zeit haben Sie für sich und Ihren Beruf. Die Aufgabe ist klar: Werden Sie selbstbewusster, fördern Sie Ihr Selbstwertgefühl. Wie? Indem Sie die drei Säulen des Selbstwertgefühls stärken:

1. Ich-Identität: Ich stehe zu mir.
2. Ich-Balance: Ich kenne meine Stärken und Schwächen.
3. Ich-Stärke: Ich kann auch Nein sagen.

Ich-Identität:
Ich **stehe** zu **mir**

Wer sich Zeit und Kraft rauben lässt, hat meist ein geringes Selbstwertgefühl. Wer lässt unser Selbstwertgefühl denn schrumpfen? Wir selbst. Indem wir uns zum Beispiel mit anderen vergleichen und daraufhin unser Aussehen, unsere Intelligenz, unsere Leistung oder unser Wissen kaschieren, verstecken, maskieren, um mithalten zu können. Je stärker wir uns so vergleichen und anpassen, desto stärker lehnen wir uns selbst ab. Wir sagen uns quasi selbst: »Dein Aussehen ist nicht toll genug!« Wenn Sie das zu einer Freundin sagen würden, wäre diese verletzt. Auch Sie selbst werden durch solche Aussagen verletzt – auch und gerade, wenn Sie sie selbst machen! Mit solchen Aussagen lehnen Sie sich ab, also sinkt Ihr Selbstwertgefühl. Innere Ablehnung zerstört das Selbstwertgefühl.

Vergleichen Sie sich nicht mit anderen. Stehen Sie zu sich selbst.

Bekennen Sie sich zu dem, was Sie sind. Der Haken daran ist die quälende Frage: Ist das, was ich bin, genug? Bin ich überhaupt okay, so wie ich bin? Nicht unbedingt. Die meisten von uns wollen besser, schöner, intelligenter sein als sie sind. Das ist okay. Es ist gut, ein Wunschbild zu haben. Aber achten Sie sehr genau darauf, dass dieses Wunschbild realistisch und vor allem gesund erreichbar ist. Erheben

Sie Claudia Schiffer nicht zu ihrem Wunschbild, das ist unrealistisch und beschädigt Ihr Selbstwertgefühl. Cindy Crawford sagte einmal: »Ich sehe im normalen Leben auch nicht aus wie Cindy Crawford.«

Akzeptieren Sie sich so wie Sie sind, und arbeiten Sie gleichzeitig auf ein realistisches, gesundes Wunschbild hin. Gewiss, dieser Empfehlung zu folgen bedeutet für viele eine totale geistige Umorientierung. Doch sie ist nötig. Oder zweifeln Sie daran? Sie müssen diese Umorientierung auch nicht an einem Tag schaffen. Sie haben den ganzen Rest Ihres Lebens Zeit dafür.

Akzeptanz und der innere Kritiker

Sich selbst zu akzeptieren ist die Basis jedes gesunden Selbstwertgefühls. Solange Sie Aspekte von sich ablehnen, bleibt Ihr Selbstwertgefühl klein. Wer sich aus ganzem Herzen sagen kann »Ich bin okay!«, hat ein gesundes Selbstwertgefühl. Das Problem dabei ist der innere Kritiker. Er sagt ständig: »Nein, du bist eben nicht okay. Deine Nase ist zu groß, du kannst dich nicht richtig ausdrücken ...« Paradox dabei ist: Mit jedem Buch wächst die Menge

Je mehr Selbsthilfebücher eine Frau gelesen hat, desto stärker ist meist der innere Kritiker.

dessen, was er überwachen muss und was Sie falsch machen können. Gegen den inneren Kritiker hilft nur eines: Machen Sie geistig einen Schritt zurück und beobachten Sie sich selbst. Hören Sie aufmerksam den Einflüsterungen des Kritikers zu, nehmen Sie sie bewusst wahr, anstatt unbewusst darunter zu leiden. Dann fragen Sie sich: »Was täte mir denn jetzt gut? Was kann ich tun, damit es mir wieder gut geht? Dafür brauche ich keinen, der mich ständig runtermacht!« Finden Sie heraus, was Ihnen gut tut, und tun Sie es. Der innere Kritiker frisst nur dann Energie und Selbstwertgefühl, wenn

Sie ihn unkontrolliert sein Gift versprühen lassen. Je mehr Sie auf sich selbst achten, je besser Sie sich selbst beobachten und herausfinden, was Ihnen gerade gut tut, desto stärker wird im Endeffekt Ihr Selbstwertgefühl.

Ich-Balance: Ich kenne meine **Stärken** und **Schwächen**

Wir reduzieren unser Selbstwertgefühl auch dadurch, dass wir eine kleine Schwäche nehmen und sie zum Verbrechen des Jahrhunderts aufblasen. Petra zum Beispiel wirft sich immer wieder vor, dass sie in Verhandlungen zu dominant auftritt. Na und? Dafür schätzen alle ihre Verhandlungspartner ihre offene, ehrliche, unkomplizierte Art. Petra leidet stärker unter ihrer Dominanz als ihre Verhandlungspartner. Warum? Weil sie nur die eine kleine Schwäche, nicht jedoch ihre vielen Stärken sieht.

Wann immer Sie sich eine Schwäche vorwerfen, suchen Sie nach Ihren entsprechenden Stärken.

Das heißt nicht, dass Sie Ihre Schwächen wegdiskutieren sollen. Sie sind da, da gibt es nichts zu diskutieren – doch sie sind nicht allein da! Für jede Schwäche, die Sie an sich auszusetzen haben, finden Sie auf Anhieb eine Stärke. Mit etwas Übung steigern Sie dieses Verhältnis auf 1:2 oder 1:3. Das heißt, Sie bringen Ihre Stärken und Schwächen wieder in die Balance. Die Vorteile dieser Ich-Balance merken Sie sofort: Kritik wirft Sie nicht mehr um. Viele Frauen reagieren deshalb auf die kleinste Kritik sehr allergisch, weil ihre Ich-Balance aus dem Gleichgewicht geraten ist. Wenn Sie in der Ich-Balance sind, können Sie Kritik annehmen und mit ihr umgehen. Denn Sie wissen ja: Die Kritik trifft in einem bestimmten Punkt zu – aber gleichzeitig haben Sie an diesem Punkt auch viele gute Seiten, Stärken und Fähigkeiten.

Im vorigen Abschnitt haben wir die kraftraubende Strategie der Selbstvorwürfe betrachtet. Jetzt ist auch klar, warum Menschen mit starkem Selbstwertgefühl sich von Selbstvorwürfen nicht die Energie stehlen lassen: Ihre Ich-Balance stimmt. Sie wissen, dass jeder selbst vorgeworfenen Schwäche mindestens eine Stärke gegenübersteht.

Auch negative Suggestionen, die wir im vorigen Abschnitt als kraftraubende Strategie betrachtet haben, können keine Kraft mehr rauben, wenn Sie wissen, was Sie können, was Sie draufhaben. Dann können Sie dieses Wissen der negativen Suggestion entgegensetzen.

Ich-Stärke:
Ich kann auch **Nein** sagen

Ich-Stärke bedeutet: Ich kann das, was ich bin, auch gegen widrige Einflüsse von außen behaupten. Ich kann auch einmal Nein sagen, ich kann mich abgrenzen. Menschen mit schwachem Selbstwertgefühl können nicht Nein sagen, weil sie Angst haben, anzuecken, nicht mehr gemocht zu werden.

Menschen mit gesundem Selbstwertgefühl können dagegen auch einmal Nein sagen, weil sie wissen: Es bringt mich nicht um, wenn er oder sie kurz böse auf mich ist. Ich kann auch für einige Stunden oder Tage darauf verzichten, dass er oder sie mich mag – denn ich mag mich selbst genug, um das wegstecken zu können. Menschen mit starkem Selbstwertgefühl erleben auch, dass dies meist gar nicht nötig ist. Wenn Sie hin und wieder Nein sagen, und das dank Ihres starken Selbstwertgefühls höflich und freundlich ausdrücken, werden Sie nicht geschnitten oder fallen gelassen. Im Gegenteil, Sie verdienen sich den Respekt und die Achtung der anderen: »Schau an, sie weiß, was sie will. Hut ab!«

DRITTER ENERGIERÄUBER:
INDIREKTE KOMMUNIKATION

Frauen in Führungspositionen verwenden häufig einen indirekten Kommunikationsstil: »Herr Meier, wären Sie mal so freundlich, wenn Sie gerade Zeit haben und es Ihnen nichts ausmacht, zwischendurch den Kopierer nachzusehen?« »Die Ablage könnte auch mal wieder gemacht werden.« »Wenn nicht bald jemand diese Paletten aufräumt, ist der Hof total zugepackt!«

Was passiert auf solche Äußerungen hin? Nichts. Weil die Angesprochenen stur und böswillig sind? Nein, weil sich niemand angesprochen fühlt. Und wenn sich jemand angesprochen fühlt, hat er den Eindruck, dass die Aufgabe nicht eilig ist.

Tipp

»Durch die Blume« gilt nicht

Jemandem im Business etwas »durch die Blume« zu sagen, ist nicht höflich, sondern grob unhöflich: Der andere weiß nicht, woran er mit Ihnen ist! Wenn Sie möchten, dass er A tut, dann sagen Sie ihm auch, dass er bitte A tun möchte. Das ist nicht unhöflich, das ist klar. Und Klarheit schätzen Menschen mehr als Unklarheit. Denken Sie an die Politiker: Die mag keiner, eben weil sie unklar reden.

Sandra delegiert die Unterlagenerstellung für eine Präsentation einem Mitarbeiter: »Aber halten Sie sich ran, es eilt.« Zwei Tage später zitiert sie ihn stinksauer zu sich ins Büro: »Warum dauert das so lange? Ich sollte die Unterlagen bis heute Nachmittag haben!« »Warum haben

Sie das nicht gleich gesagt?« »Das habe ich doch gesagt. Ich sagte Ihnen doch, dass es eilt.« »Ja, aber ich dachte, Sie meinen damit bis Ende der Woche.« »Nein, ich meinte bis heute Nachmittag!« »Warum haben Sie das nicht gleich gesagt?« Eine gute Frage.

Die traurige Bilanz dieser einen indirekten Kommunikation:

- Sandra ärgert sich mächtig, dass der Mitarbeiter sie hat »hängen lassen«. Dieser Ärger raubt ihr Energie.
- Voller Wut übernimmt sie die Aufgabe nun selbst, damit sie auch wirklich rechtzeitig erledigt ist. Das kostet mehr Zeit und Kraft.
- Sandra erwartet, dass sie von ihrem Vorgesetzten Anerkennung bekommt, weil sie die Kastanien in letzter Minute aus dem Feuer holt. Doch der Vorgesetzte denkt nur: »Die Frau spinnt. Wozu hat sie Mitarbeiter, wenn sie alles selber machen muss?« Diese Ablehnung kostet Sandra noch mehr Kraft.
- Sandras Mitarbeiter lernen: »Du musst die Sachen nur lang genug liegen lassen, dann macht sie die Chefin schon selber.« Damit setzt Sandra eine wahre Höllenmaschine der kalten Rückdelegation in Gang, die ursächlich für ihre vielen Überstunden und ihre angeschlagene Gesundheit wird.
- Einige von Sandras Mitarbeitern sagen auch: »Warum sagt sie nicht gleich, was sie möchte?«

Und das ist lediglich die Bilanz nur einer indirekten Kommunikation – doch viele Frauen kommunizieren täglich dutzendfach indirekt! Sie verlieren dabei dutzendfach Zeit und Energie. Deshalb kommen viele zum Schluss: »Eine Führungsposition ist nichts für mich. Der Job ist viel zu belastend.« Irrtum. Nicht der Job ist belastend, sondern die indirekte Kommunikation.

Gewöhnen Sie sich die indirekte Kommunikation ab. Wenn Sie etwas möchten, sagen Sie es direkt, aber höflich und beziehungsfreundlich.

Nehmen Sie die
Indirektheiten raus

Gewöhnen Sie sich verbale Indirektheiten ab, zum Beispiel:

- Entschuldigungen: »Es tut mir ja leid, dass ich Sie damit belästigen muss.« Der Angesprochene denkt dabei nur: »Hör auf, dich zu entschuldigen, sag mir lieber, was du von mir erwartest!«

- Floskeln wie »Seien Sie mir nicht böse ...«. Denn sie bringen andere erst auf die Idee, Ihnen böse zu sein.

- Konjunktive wie müsste, sollte, könnte, würde

- Weichmacher wie »mal wieder«, »unter Umständen«, »wenn es Ihnen nichts ausmacht«, »wenn Sie gerade sowieso ...«

Gewöhnen Sie sich vor allem ab, nicht Gesagtes als verstanden vorauszusetzen.

> **Petra** zum Beispiel sagt zu Gerd: »Ich geh kopieren. Ist eine ganze Menge.« Als sie nach einer halben Stunde zurückkommt, ist sie sauer, da sie erfahren muss, dass in dieser Zeit ein wichtiger Kunde angerufen und niemand den Anruf entgegengenommen hat. Aufgebracht sagt sie zu Gerd: »Warum hast du nicht auf mein Telefon aufgepasst?« Gerd ist verdattert: »Aber warum hast du mich denn nicht darum gebeten?« »Das habe ich doch! Ich habe dir doch gesagt, dass es länger dauern kann!«

Viele Frauen erwarten, dass der Angesprochene auch Andeutungen versteht: »Das muss ich doch nicht ausdrücklich sagen. Das versteht man doch auch so!« Das wäre ja schön, doch das ist eben nicht der Fall. Dass viele Frauen sich so gut in andere hineinversetzen können, dass sie wissen, was diese wollen, ohne dass es ausgesprochen wurde, heißt noch lange nicht, dass sie diese herausragende Fähigkeit auch von anderen Menschen erwarten dürfen. Diese Erwartung ist einfach unrealistisch.

Viele Frauen wenden auch ein: »Aber ich möchte nicht den Boss rauskehren!« Es geht überhaupt nicht darum, den Boss rauszukehren. Es geht nicht um Macht und Dominanz. Es geht schlicht darum, Verantwortung zu übernehmen.

Führen heißt, Verantwortung zu übernehmen. Wenn Sie Verantwortung übernehmen, haben Sie keine Probleme damit, das, was Sie wünschen, auch klar und höflich auszusprechen. Also übernehmen Sie Verantwortung und sprechen Sie konkret und klar aus, was Sie erwarten.

Einige Frauen meinen auch: »Aber so direkt kann man doch nicht reden. Das nimmt der andere doch krumm!« Das ist nur eine Befürchtung, keine Tatsache. Tatsächlich ist das Gegenteil der Fall. Menschen nehmen es krumm, wenn sie im Dunkeln gelassen werden, wenn Sie etwas von ihnen erwar-

Wer indirekt kommuniziert, übernimmt keine Verantwortung.

ten und es ihnen nicht ausdrücklich sagen. Dagegen empfinden sie es als höflich, wenn Sie ihnen sagen, was Sie erwarten. Solange Sie das freundlich und höflich tun, hat niemand Probleme damit.

VIERTER ENERGIERÄUBER: EVERYBODY'S DARLING

Cornelia räumt regelmäßig die Kaffeeküche auf. Vor kurzem wurde sie zwar zur Führungskraft befördert, doch sie sorgt immer noch für Ordnung in der Kaffeeküche. Auf die erstaunte Frage eines Führungskollegen sagt sie: »Ja, ich weiß, und das raubt mir auch unheimlich Zeit – aber ich komme mir arrogant vor, wenn ich das jetzt nicht mehr mache, nur weil ich befördert wurde!«

Sie möchte es eben jedem recht machen. Sie möchte Everybody's Darling sein. Dabei heißt das Sprichwort: Everybody's Darling – Everybody's Fool! Oder anders ausgedrückt: Wer für alles offen ist, kann nicht ganz dicht sein. Wer es jedem recht machen möchte, hat ungeheuer viel zu tun, verliert viel Zeit und Energie.

Warum fallen Frauen in Führungspositionen auf diesen Energieräuber herein? Weil sie die Anerkennung der anderen wünschen. Wer es jedem recht macht, wird von jedem gemocht. Sie erkennen daran bereits die Lösung des Problems, das Dingfestmachen des Energieräubers: Wenn Sie ein gesundes Selbstwertgefühl haben, müssen Sie nicht immer Everybody's Darling sein. Denn Sie bekommen die Anerkennung, die Sie zum Leben brauchen, schon weitgehend von sich selbst. Wie Sie Ihr Selbstwertgefühl entsprechend steigern, haben wir im Abschnitt »Ein gesundes Selbstwertgefühl« betrachtet.

FÜNFTER ENERGIERÄUBER:
DIE UNERSETZLICHE

Viele Frauen verlieren in Führungspositionen auch deshalb Zeit und Energie, weil sie alles selber machen wollen, so gut wie nichts delegieren. Wenn sie tatsächlich einmal etwas delegieren, kontrollieren sie so oft nach, dass sie nicht wirklich Zeit sparen und der delegierte Mitarbeiter aufgrund der Bevormundung sauer ist.

Warum möchten viele Frauen alles selber machen (obwohl es ihnen gleichzeitig nicht ganz geheuer ist)? Weil sie (unter anderem) unersetzlich sein wollen. Denn wer unersetzlich ist, ist wichtig und bekommt viel Aufmerksamkeit und Anerkennung. Hier motiviert die Angst vor der Bedeutungslosigkeit. Sitzt diese Angst sehr tief, zum Beispiel wegen eines Kindheitstraumas, kann oft nur noch ein guter Coach diesen Energieräuber abstellen. Ist der Hang zum Unersetzlichsein weniger stark verwurzelt, bekommen Sie ihn auch per Do-it-yourself los. Ein Mittel dazu ist das Reframing, der bewusste Wechsel der eigenen Sichtweise.

Brigitte sagt: »Ich merkte irgendwann, dass ich viel Zeit und Energie darauf vergeudete, unersetzlich sein zu wollen. Ich fürchtete, an Ansehen zu verlieren, wenn ich Mitarbeitern Aufgaben und damit Erfolg zukommen lasse. Eines Tages habe ich diese Meinung einfach auf den Kopf gestellt und mir gesagt: Ich verliere nicht an Achtung, wenn ich etwas aus der Hand gebe, ich gewinne dadurch Respekt und Bedeutung. Denn immerhin bin ich es, die den Mitarbeiter befähigt hat, diese Aufgabe zu erledigen. Außerdem stehe ich gegenüber meinen Kollegen und meinen Vorgesetzten umso besser da, je besser meine Abteilung läuft. Und sie läuft umso besser, je mehr ich Routinetätigkeiten delegiere und mich um meine eigentlichen Führungsaufgaben kümmere! Das spart mir Zeit und gibt mir Kraft für wirklich Wichtiges und auch wieder für Privates.«

Sie müssen nicht das nachsprechen, was Brigitte sich sagte. Wechseln Sie Ihre Sichtweise auf Ihre Art. Aber wechseln Sie sie, damit Sie mehr Zeit und Energie bekommen.

SECHSTER ENERGIERÄUBER:
ÜBERZOGENE TEAMORIENTIERUNG

Viele Frauen in Führungspositionen fragen selbst bei der kleinsten Entscheidung noch jeden indirekt Beteiligten nach seiner Meinung, damit nur ja keiner sich übergangen fühlt und wirklich alle mit im Boot sind. Das kostet wahnsinnig viel Zeit und Energie und ist in den meisten Fällen völlig unnötig.

Schlimmer noch: Es geht den meisten Leuten auf die Nerven. »Immer diese Endlosdiskussionen«, sagen die Mitarbeiter, »kann nicht endlich mal jemand eine Entscheidung treffen? Zum Beispiel unsere Chefin?« Denn dazu ist sie da! Menschen wollen nicht in alles und jedes einbezogen werden – sie haben schließlich auch noch ihre eigentliche Arbeit zu erledigen. Sie möchten viel lieber, dass ihnen jemand die lästigen Entscheidungen abnimmt – lesen Sie hier genau: die lästigen Entscheidungen. Das sind meist die Führungsentscheidungen. Daher:

Nur wenn jemand in eine Entscheidung einbezogen werden möchte, beziehen Sie ihn ein.

Es ist einfach unhöflich, wenig teamorientiert und stört obendrein die Harmonie, wenn Sie jemandem eine Teamdiskussion aufzwingen, wenn dieser lediglich eine schnelle Entscheidung von Ihnen haben möchte.

Tun Sie beides: Seien Sie teamorientiert, wo das Team dies wünscht. Und fällen Sie Ihre Führungsentscheidungen, wenn das von Ihnen erwartet wird und wenn Einzelentscheidungen effizienter und effektiver sind. Wer lieber mit allen diskutiert, anstatt Entscheidungen zu fällen, drückt sich vor der Verantwortung. Das tun Frauen nicht wirklich gern.

SIEBTER ENERGIERÄUBER:
TUN STATT REDEN

Wenn Diskussionen mit einzelnen Mitarbeitern oder dem kompletten Team endlos werden, sagen viele Frauen: »Wenn das hier so einen Aufstand verursacht, dann mache ich das in der Zeit, die wir totdiskutieren, doch lieber selber.« Das tun sie auch, wenn Mitarbeiter absolut nicht kapieren, worum es geht, oder wenn sie fehlerhafte Arbeit abliefern.

Denken Sie einmal nach: Was provozieren Sie damit? Sie vergeuden erstens unglaublich viel Zeit und Energie, wenn Sie sich um alles kümmern, was zerredet wird. Zweitens, und das ist viel schlimmer: Sie erziehen Ihre Mitarbeiter, Kunden, Lieferanten, Vorgesetzten und Mitmenschen zu folgender Überzeugung, die wörtlich ein alter Kollege einem neu eingestellten mitteilte: »Wir haben eine tolle Chefin. Wenn du eine Arbeit nicht machen willst, dann verwickle sie einfach in eine Endlosdiskussion, stell dich blöd oder liefer die Arbeit fehlerhaft ab – dann macht sie die Chefin selber!« Peinlich. Schädlich. Hören Sie auf damit. Sagen Sie klipp und klar, was Sie erwarten. Wiederholen Sie es so lange, bis jeder merkt, dass er die Arbeit selbst machen muss.

WARUM HAT IHNEN DAS KEINER GESAGT?

Frauen lassen sich in Führungspositionen (und anderswo) Zeit und Energie stehlen. Wie reagieren sie darauf? Die meisten gehen abends nach Hause oder zu Freunden und klagen, wie fix und fertig sie dieser Job doch macht. »Ach du Arme!«, bekommen sie dann zu hören. Das tut richtig gut.

Viele Frauen bleiben 10, 20, 30 Jahre in dieser Schleife stecken: Energieräuber – fix und fertig – »Ach du Arme!« – tut richtig gut – Energieräuber – fix und fertig ... Warum? Weil es einfacher ist, in einem gewohnten Übel stecken zu bleiben, als zu einer neuen, ungewohnten Wohltat aufzubrechen.

Praxis

Verschränken Sie doch einmal die Arme vor dem Körper. Jetzt. Welcher Arm liegt oben? Der linke? Der rechte? Dann machen Sie das jetzt mal exakt umgekehrt. Den anderen Arm bitte nach oben. Fühlt sich komisch an, nicht wahr? Und das war nur eine ganz simple Veränderung. Wie viel seltsamer und ungewohnter fühlt es sich dann erst an, sich bei der Arbeit nicht ständig Zeit und Energie stehlen zu lassen!
Wir haben so viel Übung darin, uns Zeit und Energie stehlen zu lassen. Manche verbringen ein ganzes Leben damit. Deshalb brauchen Sie jetzt auch ein wenig Übung, um sich Zeit und Energie nicht mehr stehlen zu lassen. Gönnen Sie sich diese Übung.

Das Neue, Gute, Heilsame, Schöne, das bessere Leben, der Erfolg ist immer zunächst eine ungewohnte Sache. Gewöhnen Sie sich langsam und behutsam daran.

Sich nicht länger Zeit und Energie stehlen zu lassen, ist keine Sache eines einmaligen Entschlusses, sondern ein Gewöhnungsprozess. Lassen Sie sich auf diesen Prozess ein. Geben Sie sich diese Chance. Das sind Sie es sich wert. Gewiss, die erste Hürde zu nehmen und sich dazu aufzurappeln ist nicht immer leicht. Doch diese Hürde muss jede(r) nehmen. Nehmen Sie sie. Schon nach wenigen Schritten, wenigen Rückschlägen werden Sie reich belohnt werden. Sie werden viel mehr Zeit und Energie haben. Sie werden merken: Mensch, damit geht es mir ja viel besser! Es lohnt sich!

Sie benötigen mindestens sieben Wiederholungen, um eine neue Gewohnheit zu bilden.

Wenn Sie also lieber etwas tun, als darüber zu reden, dann verkneifen Sie sich das ganz bewusst mindestens siebenmal – danach wird es zur Gewohnheit.

Energieräuber abzustellen wird umso schneller, leichter und einfacher zur Gewohnheit, je intensiver Sie antizipieren. Je intensiver und lebhafter Sie sich also vorstellen, wie Sie in einer typischen Situation, in der Sie sich bislang Zeit und Energie stehlen ließen, sich nun verhalten werden, um Zeit und Energie zu sparen. Stellen Sie sich so lebhaft wie möglich vor: Wie werde ich's machen? Sie können diese Visualisierung mit dem gesunden Menschenverstand machen, Sie können dazu aber auch eine Mentaltechnik verwenden. Gerade für diesen Zweck gibt es etliche.

Wenn Sie erfolgreiche Frauen beobachten, werden Sie erkennen, dass sich diese nicht ihre Zeit und Energie stehlen lassen. Sie gaben sich irgendwann den berühmten Ruck und verwiesen ihre Energievampire zurück nach Transsylvanien. Natürlich kostet es diesen Ruck. Doch alle lohnenden Vorhaben erfordern diesen Ruck. Geben Sie ihn sich. Es wird sich lohnen.

Tipp

Auf einen Blick: Lassen Sie sich nicht die Zeit stehlen!

- Ihr Job ist nicht deshalb so anstrengend, weil er so anstrengend wäre, sondern weil Sie sich noch zu stark Zeit und Energie stehlen lassen.

- Eliminieren Sie die sieben großen Energieräuber.

- Machen Sie Aufgaben gut, nicht perfekt.

- Lernen Sie, richtig mit Schuldgefühlen, Selbstvorwürfen, negativen Suggestionen und anderen inneren Energieräubern umzugehen.

- Sorgen Sie für ein starkes Selbstwertgefühl, indem Sie Ich-Identität, Ich-Balance und Ich-Stärke ausbauen.

- Gewöhnen Sie sich indirekte Kommunikation ab und sagen Sie direkt und höflich, was Sie erwarten.

- Spielen Sie nicht Everybody's Darling. Ein starkes Selbstwertgefühl macht das unnötig.

- Seien Sie nicht die Unersetzliche. Holen Sie sich Anerkennung lieber dafür, dass Ihre Mitarbeiter so produktiv arbeiten.

- Seien Sie nicht da krampfhaft teamorientiert, wo das Team von Ihnen eine Führungsentscheidung erwartet.

- Reden Sie mit Ihren Mitarbeitern, damit diese tun, was Sie von ihnen erwarten. Hüten Sie sich davor, Aufgaben selbst zu übernehmen, nur weil zu lange darüber geredet wird.

- Energieräuber abzustellen ist keine einmalige Angelegenheit. Es ist ein Prozess. Lassen Sie sich auf ihn ein. Es wird sich für Sie lohnen.

Kapitel 4

Führungs-
instrumente
für
Frauen

Ins kalte Wasser geworfen

Dürfen Sie sich ohne weiteres Elektrikerin, Bäckerin oder Verkäuferin nennen? Nein. Das sind Ausbildungsberufe. Wer sich nicht ausbilden lässt, darf diese Berufe nicht ausüben. Dürfen Sie ab sofort 20 Elektriker, 30 Bäcker oder 100 Verkäufer führen? Ja. Denn Führung ist kein Ausbildungsberuf.

Natürlich gibt es Ausnahmen in modern geführten Unternehmen. Doch in 90 Prozent der Unternehmen ist die Vorbereitung der eigenen Führungskräfte völlig unzureichend, wie ein Bürospruch beweist: »Was erreicht man, wenn man den besten Verkäufer zum Regionalleiter macht? Man verliert seinen besten Verkäufer und bekommt einen schlechten Regionalleiter.«

Das vorherrschende Motto des Management Developments lautet: »Ins kalte Wasser werfen – eine gute Führungskraft lernt von alleine schwimmen.« Diese Titanic-Methode des Führungstrainings ruiniert mehr Unternehmen als jede Wirtschaftskrise. Sie betrifft Männer wie Frauen. Die Voraussetzungen sind für beide Geschlechter gleich – doch die Folgen könnten nicht unterschiedlicher sein.

Tipp

Diskriminierende Erwartungen

Männer wie Frauen werden in der Regel nicht oder unzureichend auf Führungsaufgaben vorbereitet. Doch

- Männern traut das Umfeld Führungskompetenz zu. Ihnen wird Führungskompetenz a priori zugeschrieben. Machen sie Fehler, übersieht oder verzeiht man diese – denn im Grunde ist der Mann ja kompetent!
- Frauen traut das betriebliche und gesellschaftliche Umfeld a priori keine oder wenig Kompetenz zu: »Mal sehen, wie sie sich macht.« Frauen müssen erst ihre Kompetenz beweisen. Machen sie Fehler, heißt es: »War eh klar – typisch Frau.«

Frauen wie Männer werden unzureichend auf ihre Führungsjobs vorbereitet. Doch Frauen kommt das ungleich teurer zu stehen.

Sie werden regelrecht verheizt. Sie werden ins kalte Wasser geworfen, machen viele Fehler, bekommen diese unfairerweise vorgehalten und verlieren irgendwann ihren guten Ruf, ihre Aufstiegschancen, ihre Gesundheit, ihr Privatleben und die Lust am Job.

Hinzu kommt, dass Frauen ihren technischen Mangel an Führungskompetenz viel intensiver verspüren als Männer. Männer glauben in der Regel, dass sie die geborenen Führungskräfte sind – warum wären sie sonst befördert worden? Frauen sind signifikant öfter und intensiver von Selbstzweifeln geplagt: Kann ich das? Mache ich das richtig? Warum kostet mich meine Führungsaufgabe so viel Energie? Gehe ich richtig mit meinen Mitarbeitern um?

Auf alle diese Fragen gibt es eine Antwort: Führungstechnik. Führung ist ein uralter Beruf. Deshalb gibt es viele gute Werkzeuge für diesen Beruf. Für jeden Beruf braucht man/frau das richtige Werkzeug. Wer den Beruf einer Führungskraft ausüben möchte, sollte diese Instrumente beherrschen. Führungsinstrumente geben Ihnen Sicherheit und die Gewissheit, dass Sie es richtig machen. Im Folgenden finden Sie die vier wichtigsten Führungstechniken für Ihre Führungsaufgabe. Diese vier Werkzeuge beseitigen die vier drängendsten Probleme bei der Führung:

- Frauen in Führungspositionen bemühen sich sehr um Harmonie in ihrem Führungsbereich. Sie reden viel mit ihren Mitarbeitern. Trotzdem bleibt vieles ungesagt und viele Fragen bleiben offen: Wie rede ich über Grundsätzliches mit meinen Leuten? Wie erfahre ich, ob meine Leute wirklich zufrieden mit mir sind? Antworten auf diese Fragen gibt das Mitarbeitergespräch.

- Oftmals tun Mitarbeiter nicht das, was Sie von ihnen erwarten. Sie tun es vor allem nicht so, wie Sie es von ihnen erwarten. Abhilfe bietet die Zielvereinbarung mit Zielkontrolle.

- Häufig sind Mitarbeiter nicht motiviert. Dass »Motivation« nicht funktioniert, wissen Sie nicht erst seit Sprengers *Mythos Motivation*. Die korrekte Führungstechnik ist die Delegation.

- Wie gehen Sie richtig mit Mitarbeitern um? Mit dem situativen Führungsstil.

Diese vier Instrumente betrachten wir im Folgenden.

DAS MITARBEITERGESPRÄCH

Zumindest ein- bis zweimal im Jahr sollten Sie über Grundsätzliches mit jedem Mitarbeiter reden – das ist das Minimum. Ideal wäre, wenn Sie das ein- bis zweimal im Quartal tun könnten. Das frisst nicht so viel Zeit, wie Sie vermuten. Ein gut geführtes Mitarbeitergespräch ist in 60 bis 90 Minuten vorüber (dass Kollegen über das »lästige Mitarbeitergespräch« klagen, bedeutet lediglich, dass sie es nicht gut genug beherrschen, um es kurz machen zu können). Die kleine Zeitinvestition zahlt sich reichlich aus:

Tipp

Das Mitarbeitergespräch

- ist ein Soll/Ist-Vergleich für beide Gesprächspartner: Was wurde erwartet und was wurde erreicht?
- hilft Ihnen, Ihre Führungsleistung realistisch einzuschätzen, wenn Ihnen der Mitarbeiter Feedback gibt;
- bietet Gelegenheit zur Aussprache und zur Beziehungsstabilisierung;
- bietet Ihnen die Chance, Ihre Aufmerksamkeit auf alle Mitarbeiter gleichmäßig zu verteilen (Mitarbeiter hassen es, wenn Sie unbewusst einzelne bevorzugen – was man im Alltag automatisch tut);
- ist eines der besten Instrumente der Motivation, denn nichts motiviert mehr als Aufmerksamkeit;
- lässt Sie Ihre Jahresziele besser erreichen.

Im Mitarbeitergespräch bringen Sie all das zur Sprache, worüber Sie im Alltag nicht reden können oder möchten.

Erster Schritt: **Vorbereitung** ist die halbe Miete

Wenn ein Kollege darüber klagt, dass ihm seine Mitarbeitergespräche zu viel Zeit stehlen, können Sie sicher sein, dass er sich unzureichend darauf vorbereitet. Je mehr Zeit Sie bei der Vorbereitung sparen, desto mehr Zeit verlieren Sie im Gespräch. Zehn Minuten in der Vorbereitung gespart, bedeuten oft eine Stunde im Gespräch verloren. Bereiten Sie sich gut vor. Notieren Sie die Themen, die Sie besprechen möchten:

- Welche Fragen möchte ich stellen?
- Welche Fragen zwischen uns sind offen?
- Was muss endlich zwischen uns geklärt werden?
- Was möchte ich mit dem Gespräch erreichen?
- Welche Punkte aus dem vorangegangenen Gespräch möchte ich weiterverfolgen?

Neben diesen Fragen reden Sie natürlich auch über:

- die Zusammenarbeit zwischen Ihnen und ihm/ihr
- die Zusammenarbeit im Team
- das, was generell verbessert werden könnte
- seine oder ihre Arbeitsinhalte
- seine oder ihre Entwicklungsziele
- seine oder ihre Arbeitsbedingungen

Sie wissen nicht, wie Sie das Gespräch ohne Peinlichkeiten starten können? Reden Sie einfach klares Deutsch: »Herr Meier, wir reden heute über das, was gut läuft und was wir noch verbessern können.«

Zweiter Schritt:
Den **Dialog** eröffnen

Sie haben sich gut auf das Gespräch vorbereitet. Geben Sie auch dem Mitarbeiter die Chance dazu. Wenn Sie ihn zum Gespräch einladen, bitten Sie ihn, dazu die Punkte mitzubringen, über die er gerne reden möchte: »Was ist für Sie wichtig?« Mit diesen Punkten – nicht mit Ihren Punkten! – eröffnen Sie dann das Gespräch. Daran erkennt der Mitarbeiter, dass es um ihn und nicht um die Chefin geht und dass er hier nicht zugetextet werden soll. Auf diese Weise stellen Sie den guten Draht zu ihm her. Notieren Sie die wesentlichsten seiner Punkte, damit sie Ihnen nicht entfallen.

Dritter Schritt:
Die **eigene Position** erläutern

Verkneifen Sie es sich, sich zu rechtfertigen, nachdem er Ihnen gesagt hat, was ihm alles nicht passt. Der Mitarbeiter würde daraus erkennen: »Ist doch eh egal, was ich davon halte – die Chefin hat sowieso immer Recht!« Rechtfertigen Sie nicht, akzeptieren Sie (akzeptieren heißt nicht: gut heißen): »Ich verstehe, dass Sie das so sehen.« Danach streichen Sie unbedingt die Gemeinsamkeiten heraus – Gemeinsamkeiten verbinden: »Ich finde wie Sie, dass es mit ... und bei ... gut läuft. Das finde ich sehr erfreulich.«

Sprechen Sie über Positives. Viele Führungskräfte reden im Mitarbeitergespräch nur über Negatives! Das zieht unglaublich runter und vergiftet die Beziehung. Gerade deshalb wird das Mitarbeitergespräch von vielen unerfahrenen und schlecht geschulten Führungskräften nur noch pro forma gemacht. Das ist schade. Denn aus der Motivationsforschung wissen wir: Es wächst das, worüber gesprochen wird. Sprechen Sie über Misserfolge, wachsen die Misserfolge.

Sprechen Sie über Erfolge, wachsen die Erfolge. Nothing succeeds like success.

Danach erläutern Sie Ihre Position in den Punkten, in denen keine Gemeinsamkeit herrscht: »Anderer Ansicht bin ich bei ... und bei ...« Merken Sie was? Das klingt anders als: »So ist das doch gar nicht! Da haben Sie etwas falsch verstanden. Wie können Sie das nur sagen?«

Vierter Schritt:
Änderungsbedarf klarstellen

Wenn es etwas zu verbessern gibt, dann sagen Sie das offen: »Bei diesem Punkt müssen wir handeln.« Sie brauchen dafür nicht das Einverständnis des Mitarbeiters abzuwarten. Wenn er nicht gleich begeistert nickt, muss das nicht heißen, dass er dagegen wäre, sondern dass er Ihre Führung in dieser Frage akzeptiert und abwartet, was Sie ihm vorschlagen.

Dann besprechen Sie mit ihm ganz konkret, wie das zu Verbessernde in Zukunft gemacht werden soll. Besprechen Sie das so detailliert wie möglich. Schreiben Sie es ihm nicht vor, sondern befragen Sie ihn zur besten Vorgehensweise. Es nützt nichts, dass Sie etwas vorschreiben, was er danach nicht oder falsch macht, weil er nicht mitreden durfte (s.u. Zielvereinbarung). Einigen Sie sich auf eine aussichtsreiche Vorgehensweise.

Vereinbaren Sie auf jeden Fall Meilensteine: »Wann setzen wir uns wieder zusammen, um nachzusehen, wie Sie vorankommen?« Ohne diese Meilensteine tut kaum ein Mitarbeiter, was Sie von ihm erwarten, weil er »nebenher« genug anderes zu tun hat – zum Beispiel seine eigentliche Arbeit.

Fünfter Schritt: **Gesprächs-abschluss** und Dokumentation

Ein Gespräch sollte immer positiv und verbindlich enden: Halten Sie Blickkontakt, kommunizieren Sie Ihre Wertschätzung, sprechen Sie dem Mitarbeiter ein echtes, das heißt authentisches Dankeschön für seine Gesprächsbereitschaft aus. Dann wird er das nächste Mal umso besser mitarbeiten: Gemacht wird, was anerkannt wird.

Dokumentieren Sie auf jeden Fall das Gespräch schriftlich. Sonst wissen Sie nicht, was Sie beim nächsten Meilenstein besprechen werden. Dokumentieren Sie um Himmels willen nicht den Gesprächsverlauf (das machen einige immer noch), sondern lediglich das Wesentliche: die Meilensteine, die Ergebnisse und Vereinbarungen. Diese Dokumentation ist zugleich ein wichtiger Teil Ihrer Vorbereitung fürs nächste Mitarbeitergespräch.

DIE DON'TS BEIM MITARBEITERGESPRÄCH

Aus Fehlern (vorzugsweise von anderen) wird frau klug. Vermeiden Sie beim Mitarbeitergespräch:

- eine falsche Wahl des Raumes, zum Beispiel ein Durchgangszimmer, in dem man ständig gestört wird;

- Unruhe, zum Beispiel wegen eines nicht umgestellten Telefons oder einer nicht instruierten Sekretärin;

- peinliche Eröffnungen à la: »Wie geht es der Familie?« Das ist kein guter Start, sondern eine Ablenkung vom eigentlichen Thema, die jeder Mitarbeiter durchschaut und krumm nimmt. Bitte keinen gekünstelten Einstieg;

- sich hinter dem Schreibtisch zu verschanzen. Lassen Sie sich in einer Sitzecke oder an einem Kaffeetisch nieder;

- dem Mitarbeiter ins Wort zu fallen, ihn zu unterbrechen. Lassen Sie ihn ausreden, auch wenn er sachlich falsch liegt. Er hat ein Recht auf eine eigene Meinung;

- Kettenfragen: »Wie klappt's jetzt in der Zusammenarbeit mit Frau Meier? Haben die Konflikte abgenommen? Laufen die Aufträge schneller durch?« Welchen Teil dieser Lawine soll der Mitarbeiter beantworten? Stellen Sie immer nur eine Frage;

- Suggestivfragen: »Na, läuft's jetzt besser?« Da traut sich kaum einer, Nein zu sagen. Lieber so: »Wie läuft's denn jetzt?«

- das Zutexten. Idealerweise sind die Gesprächsanteile 30 (Chef): 70 (Mitarbeiter), 50:50 ist auch okay. Auf keinen Fall okay ist 80:20 – wie leider oft zu beobachten;

- indirekte Kommunikation: »Man sollte dagegen mal was machen.« Wer? Was? Keiner fühlt sich angesprochen. Wenn Sie etwas vom Mitarbeiter wollen, müssen Sie schon so fair sein, ihm das auch konkret, offen und ehrlich zu sagen: »Bitte machen Sie ...«

- allgemeines Lob: »Ich bin sehr zufrieden mit Ihnen.« Das ist unglaubhaft und wird vom Mitarbeiter durchschaut. Er denkt: »Sie will mich bloß motivieren. Was ich leiste, weiß sie gar nicht.« Anerkennung wirkt nur, wenn sie konkret ist: »Dass Sie Ihr Projekt termintreu ins Ziel gebracht haben, finde ich beeindruckend.«

- das Herumreden um den heißen Brei. Entwickeln Sie Mut zur Offenheit. Dazu ist das Gespräch da. Falls Sie etwas konfliktscheu sind, stärken Sie Ihre Konfliktfähigkeit in einem Training oder Coaching. Fast jede gute Führungskraft hat das schon einmal gemacht;

- Hörensagen: »Ich habe gehört, dass ...« Das ist nicht okay – über Gerüchte redet man nicht. Reden Sie nur über Fakten. Wenn der Mitarbeiter über Hörensagen spricht, fragen Sie nach: »Was konkret haben Sie gehört? Was befürchten Sie?« Dann reden Sie nicht mehr über Gerüchte, sondern über Emotionen – und das ist erlaubt (und nötig!).

ZIELVEREINBARUNG UND ZIELKONTROLLE

Wenn Mitarbeiter nicht das tun, was die Chefin von ihnen erwartet, und es vor allem nicht so tun, wie sie es von ihnen erwartet, reagieren die meisten weiblichen Führungskräfte mit Enttäuschung, Frustration, Vorwürfen: »Die sind so unmotiviert! Die denken einfach nicht mit!« Das ist ein Irrtum:

Wenn Mitarbeiter nicht das tun, was Sie von ihnen erwarten, liegt es in neun von zehn Fällen nicht an den Mitarbeitern. Es liegt an den Erwartungen. Wenn Sie etwas erwarten, wird es meist nicht (so) gemacht. Wenn Sie etwas artikulieren, wird es meist gemacht. Frauen im Beruf erwarten in der Regel zu viel. Sie erwarten vor allem eines: Dass man(n) mitdenkt. Diese Erwartung ist, wie wir täglich erfahren, ganz offensichtlich unrealistisch. Eine solche Erwartung zu hegen ist die sicherste Art, sich selbst zu stressen und zu frustrieren. Wie schrauben Sie Ihren Stresslevel möglichst schnell möglichst hoch? Indem Sie zu viel erwarten.

Wenn Sie etwas erwarten, wird es meist nicht (so) gemacht.

Jene unter uns, die privat mit einem Mann zusammenleben, sollten es eigentlich wissen: Denkt er mit? Reicht es, von ihm zu erwarten, dass er das Auto zur Reparatur bringt, den Gartenzaun streicht oder einfach nur den Müll runterbringt? In der Regel nein – frau muss es ihm erst in klaren Worten sagen. Also warum sollte etwas im Beruf funktionieren, das noch nicht einmal zu Hause funktioniert?

Wenn Sie möchten, dass Mitarbeiter das tun, was Sie von ihnen erwarten, kommunizieren Sie das so klar und konkret wie möglich. Viele Frauen haben Hemmungen davor: »Wir sind doch nicht im Kindergarten! Die Leute haben doch selbst einen Kopf zum Denken. Die müssen doch sehen, was zu tun ist!« Tun sie's? Offensichtlich nein. Wie lange können Sie es sich noch leisten, die Realität zu ignorieren? Zu den Führungsfähigkeiten zählt auch Realitätssinn. Frauen haben normalerweise einen ausgeprägten Sinn für die Realität. Schalten Sie ihn (wieder) ein.

Viele Frauen sagen auch: »Ich möchte nicht den Boss rauskehren!« Das tun Sie nicht. »Meier, nun kommen Sie endlich in die Gänge!« So kehren Sie den großen Boss heraus. »Herr Meier, bitte geben Sie mir Ihren Bericht bis morgen nachmittag.« Das ist höflich, aber direkt. Da weiß der Mitarbeiter ganz genau, was von ihm verlangt wird. Und diese Offenheit, Fairness und Orientierung erwartet er auch von Ihnen! Unterlassen Sie das aus falsch verstandener Höflichkeit, wird er sauer auf Sie sein, weil Sie ihm nicht sagen, was Sie von ihm erwarten. Sagen Sie dem Mitarbeiter also einfach, was Sie von ihm erwarten. Das nennt man übrigens Zielvereinbarung.

Nur Ziele mit Zielvereinbarung und Zielkontrolle werden schnell und sicher erreicht.

Nehmen Sie Ihre Abteilungsziele und brechen Sie diese auf jeden einzelnen Mitarbeiter herunter. Am Anfang des Geschäftsjahres führen Sie ein Zielvereinbarungsgespräch mit dem Mitarbeiter, am Ende ein Zielkontrollgespräch und dazwischen Meilensteingespräche – dies alles in Form von Mitarbeitergesprächen. An den vorher vereinbarten Zwischenterminen führen Sie Meilensteingespräche,

- um eventuell Kurskorrekturen vornehmen zu können, zum Beispiel unrealistische Ziele abzuspecken oder auf zu tief angesetzte Ziele »draufzusatteln«;
- um dem Mitarbeiter eventuell Unterstützung zu geben.

Bis hierher ist das eine ganz normale Zielvorgabe. Und tatsächlich kennen viele Menschen nicht den Unterschied zur Zielvereinbarung. Dabei ist dieser ganz einfach: Fremde Ziele bekämpft fast jeder normale Mensch. Eigene Ziele bekämpft kein normaler Mensch.

Sie wissen, wie wenig begeistert Mitarbeiter sich für das engagieren, was Sie ihnen vorschreiben. Und Sie wissen auch, wie begeistert Mitarbeiter ihren Hobbys frönen. Warum? Weil man sich für eigene Ziele eben voll engagiert. Also machen Sie Ihre Ziele zu den Zielen der Mitarbeiter. Wie? Per Zielvereinbarung.

Die **fünf Säulen** der Zielvereinbarung

1. Zieldefinition; für quantitative Ziele: Wie viel wovon bis wann wozu? Für qualitative Ziele: Welches Verhalten wird erwartet?
2. Zielpartizipation: Verhandeln Sie mit dem Mitarbeiter über Ihre Zielvorschläge. Der Mitarbeiter soll sich an der Zielbestimmung beteiligen (das ist der Unterschied zur demotivierenden Zielvorgabe). Ohne Zielpartizipation gibt es keine
3. Zielidentifikation: Sie ist die treibende Kraft der Zielerreichung und das Geheimnis, weshalb Führen mit Zielvereinbarungen als eines der wirksamsten Führungsinstrumente gilt. Der Mitarbeiter denkt sich: »Das ist mein Ziel – weil ich es mitbestimmten durfte!« Daraus ergibt sich die
4. Zielmotivation: Da der Mitarbeiter das Ziel als sein eigenes betrachtet, engagiert er sich ganz anders dafür als für einseitig vorgegebene Ziele.
5. Zielkontrolle: Wurde das Ziel erreicht? Inwieweit?

Zielkontrolle

Zielvereinbarung ohne Zielkontrolle ist barer Unfug. Vereinfacht ausgedrückt:

Wenn ein Mitarbeiter weiß, dass etwas, das vereinbart wurde, hinterher sowieso keinen mehr interessiert – warum sollte er dann seine Zeit und Energie darin investieren? Nur was beachtet (= kontrolliert) wird, wird auch gemacht. Daneben gibt es noch einen gewichtigen Grund für die Zielkontrolle: Kontrolle ist eine hervorragende Gelegenheit für jeden Mitarbeiter, es beim nächsten Mal besser zu machen oder sich verdiente Anerkennung abzuholen.

Ein Ziel, das nicht kontrolliert wird, wird auch nicht verfolgt.

Wer aus Angst, anzuecken, auf nötige Kontrolle verzichtet, schädigt seine Mitarbeiter – die Mitarbeiter merken das (im Gegensatz zu vielen Führungskräften)! Wenn jemand nicht kontrolliert wird, macht er möglicherweise hundertmal denselben Fehler. Wenn das herauskommt (und das kommt es immer), verliert der Betreffende sein Gesicht. Bewahren Sie ihn davor!

Tipp

Das Prinzip der mitarbeiterorientierten Kontrolle

Wie kontrollieren Sie Mitarbeiter? Nach dem Prinzip der mitarbeiterorientierten Kontrolle:

- Jeder Mitarbeiter ist anders. Also braucht jeder Mitarbeiter auch eine andere Art der Kontrolle.
- Ein Mitarbeiter, der eine neue Aufgabe übernimmt, benötigt Fremdkontrolle in Form von Ablaufkontrolle: Während des Pro-

zesses kontrollieren Sie laufend zu vereinbarten Terminen. Fremdkontrolle ist Holschuld der Chefin. Das heißt, Sie dürfen nicht erwarten, dass der Mitarbeiter von sich aus Feedback gibt!

- Ein erfahrener Mitarbeiter kontrolliert sich zwischen den vereinbarten Meilenstein-Terminen selbst. Diese Selbstkontrolle ist Bringschuld des Mitarbeiters, die Sie voraussetzen dürfen, sobald Sie sie vereinbart haben. Eine Fremdkontrolle erfolgt lediglich in Form der Ergebniskontrolle: Hat er das Ziel erreicht?

- Auf welche Weise Sie kontrollieren, sollten Sie unbedingt vor dem Beginn der Aufgabe klar vereinbaren. Tun Sie das nicht, fühlt sich der Mitarbeiter überwacht. Tun Sie es, fühlt er sich unterstützt.

Professionelle Kontrolle wird vom Mitarbeiter nicht als Überwachung, sondern als Unterstützung wahrgenommen.

Noch eine Bemerkung zur Wortwahl: Sagen Sie nicht: »Ich kontrolliere Sie dann.« Sagen Sie: »Wir reden dann am ... über die Fortschritte.«

SITUATIVES FÜHREN

Viele Frauen fragen sich, welchen Führungsstil sie wählen sollen – es gibt so viele davon! Wie führen Sie richtig? Das kommt darauf an, wen Sie gerade wohin führen. Jede Führungssituation ist anders, also müssen Sie in jeder Situation anders führen. Das nennt man situativen Führungsstil. Es ist wie mit der Kindererziehung. Jedes Kind ist anders. Man kann nicht alle Kinder gleich erziehen.

Der eine Mitarbeiter sprudelt vor Ideen und Tatendrang – also können Sie ihn am langen Zügel führen, denn er tut ja mehr oder weniger schon, was Sie von ihm erwarten. Der andere Mitarbeiter sitzt in seiner Ecke und wartet darauf, dass Sie ihm sagen, was er tun soll. Also führen Sie ihn am kurzen Zügel. Resultat: Beide Mitarbeiter sind glücklich – und produktiv!

Der größte Führungsfehler ist, alle Mitarbeiter über einen Kamm zu scheren.

Die meisten Führungskräfte machen das. Sie führen ihre hoch kreativen Mitarbeiter so eng am Gängelband, wie sie das mit ihren weniger motivierten machen. So demotiviert man ausgerechnet seine High-Potentials. Verrückt.

Das heißt auch, dass Sie ein und denselben Mitarbeiter in unterschiedlichen Situationen unterschiedlich führen sollten. Klingt logisch? Wird jedoch meist nicht gemacht. Man nimmt zum Beispiel einen sehr erfahrenen Mitarbeiter und wirft ihn in eine neue Situation hinein, gibt ihm beispielsweise Führungsverantwortung: »Der macht seine Arbeit so gut, der erledigt auch die neue Aufgabe mit links!« Kommt Ihnen das bekannt vor? So wurden auch Sie ins kalte Wasser geworfen? Der Denkfehler bzw. der Führungsfehler daran: Wenn Mitarbeiter A Aufgabe X gut kann, heißt das noch lange nicht, dass er auch Aufgabe Y gut kann. Er braucht dafür unter Umständen viel mehr Informationen, Einweisung, Training, Mentoring. Was gibt man ihm stattdessen? Man sagt ihm: »Mach mal!« Das ist keine Führung. Das ist Führungsversagen.

Der beste Führungsstil ist jener, der sich der konkreten Situation anpasst.

Führen Sie jeden Mitarbeiter in jeder Situation anders. Das ist ganz einfach. Grob gesprochen gibt es nur vier Fallunterscheidungen, die wir jetzt betrachten.

Erster Fall:
Der Mitarbeiter **will** und **kann**

Ein Mitarbeiter will und kann die konkret anstehende Aufgabe ausführen. Wie führen Sie ihn? An der langen Leine, Laisser-faire. Sie delegieren die Aufgabe an ihn, erstellen mit ihm einige Eckdaten zur Orientierung, vereinbaren wenige Meilenstein-Gespräche und Ergebniskontrollen. Sie geben ihm das Was vor, lassen ihm jedoch beim Wie freie Hand. Er braucht diesen Freiraum. Alles andere empfindet er als Gängelei. Schlechte Führungskräfte schreiben auch das Wie vor. Das demotiviert jeden willigen und fähigen Mitarbeiter. Deshalb sagt man auch: Jeder Chef hat die Mitarbeiter, die er verdient. Wer seine eigenen Mitarbeiter demotiviert, hat es nicht besser verdient.

Zweiter Fall:
Der Mitarbeiter **will**,
aber **kann nicht**

Es fehlt ihm schlicht das Know-how. Wie führen Sie ihn? Sie vermitteln ihm das nötige Know-how, indem Sie ihn detaillierter informieren, schulen (lassen), erst einmal bei erfahrenen Kollegen hospitieren lassen. Das klingt einfach, wird in der Regel jedoch nicht gemacht. Man wirft den Mitarbeiter eben ins kalte Wasser und hofft, dass er schwimmen lernt. So werden oft die potentesten Mitarbeiter verheizt. Warum? Viele Führungskräfte haben schlicht nicht die Zeit, den Nerv, die Lust und die Erfahrung und denken darüber hinaus linear: Wenn der Mitarbeiter A kann, kann er auch B. Sie möchten nicht darüber nachdenken, ob er das kann oder nicht, sie haben genug anderes zu tun. Wenn der Mitarbeiter jedoch Mist baut, wofür die Wahrscheinlichkeit hoch ist, müssen sie dann umso länger darüber nachdenken. Kurzsichtigkeit lohnt sich eben auch in der Führung nicht.

Dritter Fall:
Der Mitarbeiter **kann,**
aber **will nicht**

So eine Frechheit! Wofür wird der Mitarbeiter denn bezahlt? Die 08/15-Lösung für diese Passivität ist: »Motivieren! Ziele schmackhaft machen!« Wie wir alle täglich erfahren, funktioniert das nur unbefriedigend. Warum? Weil es nicht die Ursachen der Demotivation behebt. Die beste Hilfe bei passiven Mitarbeitern bietet immer noch der gesunde Menschenverstand: Wenn ein Mitarbeiter unmotiviert ist, fragen Sie ihn doch zunächst einmal, warum er das ist!

Viele Führungskräfte glauben, sie wissen schon, was dem Mitarbeiter »stinkt«. Überraschend, wie viele Hellseher es im Management gibt! Scherz beiseite: Wenn Sie denken, Sie wissen, was Mitarbeiter demotiviert, denken Sie das nur. Sie wissen es nicht. Wer weiß es? Der Mitarbeiter. Also was machen Sie? Sie fragen ihn ganz einfach: »Welches Problem haben Sie mit der Aufgabe? Was irritiert Sie?« Daher der alte Managerspruch: Wer fragt, der führt. Was der Mitarbeiter darauf an Demotivationsgründen anführt, fällt meist in eines oder mehrere von drei Feldern:

● *Erster Demotivator: Der Sinn fehlt.* Der Mitarbeiter ist deshalb demotiviert, weil er nicht einsieht, was die Aufgabe soll. Also zeigen Sie ihm das Wozu, wie die Aufgabe den Abteilungs- und Firmenzielen dient. Geben Sie ihm Hintergründe. Aber verkneifen Sie sich einen Fehler, den unerfahrene Führungskräfte an dieser Stelle regelmäßig machen: Sie schütten den armen Mitarbeiter mit Informationen zu. Wann sollten Sie aufhören? Ganz einfach: Wenn der Mitarbeiter zufrieden ist. Also halten Sie keinen Monolog, sondern schauen Sie dem Mitarbeiter ins Gesicht. Wenn es aufhellt, hören Sie auf. Tun Sie es nicht, wird der Mitarbeiter verwirrt und Verwirrung ist ebenfalls ein Demotivator – Motivation fehlgeschlagen!

- *Zweiter Demotivator: Der Bezug fehlt.* Der Mitarbeiter hat nichts von der Aufgabe. Die meisten Führungskräfte glauben, dass Mitarbeiter sich gerne für die Firma aufopfern. Unfug. Jeder Mensch macht in erster Linie, was ihm nutzt – das ist übrigens das Fundament jeder Marktwirtschaft! Also wettern Sie nicht gegen den Eigennutz der Menschen, sondern nutzen Sie das Fundament. Zeigen Sie dem Mitarbeiter ganz einfach, was ihm die Aufgabe bringt. Wie er dabei seine Motive und Interessen ausleben kann. Dazu müssen Sie erst einmal seine Motive kennen. Aber dazu haben Sie ja das Mitarbeitergespräch. Hat jede Aufgabe einen Bezug zu den Interessen eines Mitarbeiters? Ja, jede. Aufgabe einer guten Führungskraft ist lediglich, diesen Bezug mit scharfem Auge zu erkennen und in nachvollziehbaren Worten zu kommunizieren.

- *Dritter Demotivator: Latenter Konflikt.* Der Mitarbeiter ist demotiviert, weil er ein Hühnchen mit Ihnen zu rupfen hat. Welches? Finden Sie es heraus! Per Eigenanalyse: Gab's da etwas in letzter Zeit, das Sie getan oder nicht getan, gesagt oder nicht gesagt haben, was er krumm genommen haben könnte? Falls Sie darauf kommen, fragen Sie ihn offen: »Hat Sie das irritiert?« Falls Sie nicht darauf kommen, fragen Sie ihn: »Habe ich in letzter Zeit etwas getan oder nicht getan ...? Oder gibt es etwas in der Abteilung oder im Unternehmen, womit Sie nicht einverstanden sind?« Zugegeben, so etwas offen zu fragen, verlangt innere Stärke. Doch Führung verlangt nun einmal innere Stärke. Und wenn Frauen eines haben, dann ist es innere Stärke. Entdecken Sie Ihre (wieder).

Vierter Fall: Der Mitarbeiter
kann nicht und **will nicht**

Wie führen Sie ihn? Sie informieren ihn detailliert und unterweisen ihn, damit das Kann-Problem abgedeckt ist. Dann kümmern Sie sich um das Will-Problem, indem Sie die drei potenziellen Demotivationsursachen abklopfen. Kümmern Sie sich auf jeden Fall mit Vorrang um diesen Mitarbeiter. Denn wenn ein Apfel im Korb faul ist, steckt er bald alle guten Äpfel an, die sich fragen: »Wir machen die Arbeit und der sitzt faul rum – warum darf der auf unsere Kosten leben?«

Tipp

Die Kurzformel des situativen Führungsstils

● Fragen Sie sich immer erst: Liegt bei diesem Mitarbeiter ein Kann-nicht- oder ein Will-nicht-Problem vor?

VIEL HOLZ

Wenn Ihnen vor lauter Führungstechniken inzwischen der Kopf schwirrt: Kein Bange, das ist normal. Vielleicht denken Sie auch: »Von diesen Techniken fehlt mir noch das meiste!« Auch das ist normal. Sie lesen sich hier in wenigen Stunden durch etwas durch, was in gut geführten Unternehmen die Nachwuchsführungskräfte in vielen Trainingstagen langsam erlernen. Also übernehmen Sie sich nicht. Wenn Sie hin und wieder ein Führungstraining besuchen, hilft das. Doch eigentlich brauchen Sie eine Prozessbegleitung. Also einen guten Chef, der Sie bei Ihrem Lernprozess begleitet, einen Mentor oder eben einen externen Coach, der in diesem Fall eine Frau mit Führungserfahrung sein sollte. Sie können auch einen Lernzirkel mit anderen Frauen in ähnlicher Situation bilden. Dieses kollegiale Coaching ist sehr wirkungsvoll. Suchen Sie passende Kolleginnen und tauschen Sie sich mit ihnen aus. Das macht Spaß und bringt weiter.

DIE DELEGATION

Viele Frauen tun sich sehr schwer mit dem Delegieren. Sie hegen einen Perfektionsanspruch. Sie denken: »Wenn es gut sein soll, muss ich es schon selbst machen!« Die Folgen:

- Sie sind unzufrieden, weil sie ständig überarbeitet sind.
- Ihre Mitarbeiter sind unzufrieden, weil sie kaum etwas eigenständig machen dürfen.
- Ihr Chef ist unzufrieden. Wie Henry Ford einmal zu einem Perfektionisten in einer Führungsposition sagte: »Ich müsste Sie eigentlich entlassen. Sie vergeuden mein Geld mit Tätigkeiten, die ein Mitarbeiter mit einem Drittel Ihres Gehaltes genauso gut erledigen kann.«

Sie haben das Gefühl, dass Sie mehr delegieren sollten? Richtig. Wie? Indem Sie eine Liste mit Tätigkeiten anlegen, die Sie delegieren können. Das sind vor allem

- Routinetätigkeiten wie Ablage, Post sortieren, Reisekostenabrechnungen ...
- Spezialaufgaben, für die es in Ihrem Führungsbereich geeignete Mitarbeiter gibt
- Detailaufgaben wie Schaubilder erstellen, Recherche, Kundenstudien, Vorarbeiten für Entscheidungen ...

Aber stellen Sie auch sofort eine Liste mit Tätigkeiten auf, die Sie auf keinen Fall delegieren können – damit Sie sehen, dass Sie auch nach der Delegation immer noch genug zu tun haben. Solche Tätigkeiten sind:

- Mitarbeiter auswählen, einstellen und entlassen
- Zielvereinbarungen und Zielkontrolle
- planen und entscheiden
- delegieren, koordinieren, kommunizieren, motivieren
- Problemlösungsprozesse anstoßen

Das alles ist den meisten Frauen durchaus klar. Trotzdem haben sie ein schlechtes Gefühl beim Delegieren. Warum? Weil sie meinen, etwas aus der Hand zu geben, die Kontrolle zu verlieren und eventuell schlechte Qualität zu bekommen. Was tun? Sie wissen es bereits: Zielvereinbarung und -kontrolle. Wer beides beherrscht, muss sich nicht überarbeiten, hat immer die Kontrolle und bekommt gute Qualität. Frau hat damit vor allem motivierte Mitarbeiter, zufriedene Kunden und Chefs.

Ihr Job in der Führung ist nicht, alles selbst zu machen, sondern Ihre Mitarbeiter zu befähigen, es zu machen.

Wie wird delegiert? Zunächst nach dem Prinzip der situativen Führung: Suchen Sie zuerst einmal einen Mitarbeiter aus, der die konkrete Aufgabe aufgrund seiner Fähigkeiten überhaupt übernehmen kann. Fragen Sie sich auch, ob er über alle Informationen und Hilfsmittel verfügt, um einen guten Job zu machen. Danach prüfen Sie das Kongruenzprinzip: Stimmen Aufgabe, Kompetenz und Verantwortung überein?

Wenn ein Mitarbeiter eine Aufgabe hat, muss er dafür auch die Kompetenz verliehen bekommen. Das heißt, er braucht formale Vollmacht und/oder ein Budget. Regeln Sie vor allem: Darf er bei dieser Aufgabe eigenständig Verträge abschließen oder Einkaufsentscheidungen treffen? Was darf er, was darf er nicht?

Sorgen Sie auch dafür, dass sein Verantwortungsgefühl der Aufgabe entspricht. Dass er zum Beispiel nicht sein Budget überzieht und danach mit den Schultern zuckt: »Was soll's?« Eine Möglichkeit, für das nötige Verantwortungsgefühl zu sorgen, besteht darin, die Konsequenzen aufzuzeigen. Konsequenzen muss es immer geben, sonst haben Fahrlässigkeit und Verantwortungslosigkeit keine Folgen.

Tipp

Auf einen Blick: Beherrschen Sie Ihr Handwerkszeug?

Mitarbeitergespräch – Zielvereinbarung – Situatives Führen – Delegation:

- Welches dieser vier Führungsinstrumente benötigen Sie derzeit am dringendsten? Eignen Sie es sich an.

- Holen Sie sich Unterstützung zumindest in Form eines Trainings. Besser ist ein Coaching oder ein Lernzirkel.

- Überfordern Sie sich nicht. Seien Sie sich selbst eine verständnisvolle Trainerin, die Sie in kleinen Schritten an die neuen Techniken heranführt.

- Wenn Sie Fehler machen oder Rückschläge bei der Anwendung einstecken: Gehen Sie liebevoll und verständnisvoll mit sich um.

- Widersprechen Sie der inneren Kritikerin und Zweiflerin vehement und hartnäckig. Sie sind weder dumm noch unfähig noch faul. Im Gegenteil. Sie sind klug und engagiert, weil Sie neue Techniken ausprobieren und alte verbessern. Glauben Sie nicht der inneren Kritikerin, glauben Sie uns. Wir wissen es besser.

- Lassen Sie sich nicht davon irritieren, dass Ihre männlichen Führungskollegen führungstechnisch schwach sind. Männer meinen meist, dass sie's nicht nötig hätten (frau kennt das ja).

- Binden Sie Männern keinesfalls Ihre bessere Führungstechnik auf die Nase. Lassen Sie sich jedoch auch nicht davon beirren, dass manche Männer behaupten, dass man Führungstechnik nicht nötig hätte. Manche lernen's nie ...

- Tauschen Sie sich andererseits mit Kollegen aus, die ebenfalls an ihrer Technik feilen. Wenn Männer sich wirklich die Mühe machen, bieten sie erfrischende und nützliche Ansichten zum Thema.

Kapitel 5

Die Spielregeln der Männerwelt

Ein Spielplatz voller Jungs

Susanne ist sauer: »Unter vier Augen hat der Kollege meinem Vorschlag noch zugestimmt – doch im Meeting haut er mich vor allen anderen in die Pfanne! Wieso verhält er sich so unkollegial?« Susanne kommt wie viele Kolleginnen zu dem Schluss: »Wenn das hier so weitergeht, habe ich keine Lust mehr, diesen Zirkus mitzumachen.« Und da fragen sich viele Journalisten, Soziologen und Psychologen, warum so wenige Frauen in Führungspositionen zu finden sind …

Ein Unternehmen ist ein Spielplatz voller Jungs. Männer sind in der Mehrheit. Eigentlich logisch, dass deshalb ihre Spielregeln auf dem Spielplatz gelten.

Frauen kommen mit Führungsaufgaben oft nicht klar, weil sie die herrschenden Spielregeln nicht erkennen.

Sie nehmen diese Spielregeln nicht wahr und können oder wollen nicht nach ihnen spielen. Susannes unkollegialer Kollege spielt nach der Regel: »Es ist okay, jemanden in Sicherheit zu wiegen, um ihn dann vor versammeltem Rudel vom Seil zu schießen.« Susannes Spielregel lautet dagegen: »Wenn ich Differenzen mit jemandem habe, bereinige ich diese unter vier Augen – nicht vor den Augen anderer!«

> **Christine** ist perplex: »Mein Chef sagt, ich solle X machen – aber erwartet nachher regelmäßig, dass ich Y abliefere! Muss ich etwa Gedanken lesen können?« Schlimmer noch: »Wenn ich neulich bei der großen Aussprache nicht kapiert hätte, dass es ihm überhaupt nicht um die Sache geht, sondern er einzig und allein von mir erwartet, dass ich mich ihm unterordne, wäre ich aus dem Projekt rausgeflogen!«

Christines Chef spielt nach der Regel: »Ordne dich unter, denn ich bin der Chef!« Diese Spielregel ist für die meisten Männer eine Selbstverständlichkeit (»Irgendwer muss schließlich das Sagen haben!«). Vielen Frauen ist sie nicht nur suspekt – sie rechnen noch nicht einmal damit! Gerade deshalb werden kompetente Frauen oft geschnitten, gemobbt und gekündigt, werden ihnen Projekte entzogen oder die Beförderung verweigert: Sie wollen sich nicht unterordnen. Sie verstehen nicht, warum ein vernünftiger Mensch das erwarten sollte. Warum erwarten Männer es?

DIE MÄNNERSPIELREGEL »ICH BIN DER CHEF, ORDNE DICH UNTER!«

Männer denken anders. Das wissen wir. Leider rechnen wir häufig ausgerechnet dann, wenn es drauf ankommt, nicht damit.

Männer spielen nach der Regel »Ober sticht Unter«. Sie können sich, je nach Situation, in Sekundenschnelle über- oder unterordnen. Sie denken: »Wenn der Chef behauptet, 2+2=5, dann nicke ich das eben ab. Was soll's!« Frauen denken eher: »Wenn ich mit dem Chef rede, muss es doch um die Sache gehen und nicht darum, wer Recht hat!« Deshalb sind den meisten Frauen die typischen Hierarchiegeplänkel in Unternehmen verhasst. Sie halten sie für unnötig, weil sie nicht in ihrem Regelheft stehen.

Die Kommunikations- und Denkstrukturen von Männern sind normalerweise hierarchisch (die von Frauen zirkulär).

Warum spielen Männer »Ober sticht Unter«? Ist ihnen die Sache egal? Nein. Die Aufgabe ist ihnen auch wichtig. Aber eben nur auch. Mindestens ebenso wichtig ist ihnen, dass die Hierarchie gewahrt wird und der Mitarbeiter anerkennt: »Du bist der Chef!« Wer sich nicht unterordnet, kriegt Ärger wegen Regelverstoßes, sieht sozusagen die gelbe Karte. Da Männer die Spielregel kennen, bekommen Frauen öfter damit Ärger. Frauen schimpfen auf die »völlig unnötigen Hierarchiegeplänkel«, während die Männer sich wundern, warum »sie hier so rumzickt. Typisch Frau. Muss sie denn an allem was auszusetzen haben?«.

WIE FRAU MITSPIELT:
DIE TAKTISCHE KONZESSION

Viele Frauen lehnen eine Führungsposition aus Abneigung gegen die hierarchische Spielregel ab: »Wenn das so läuft – dann ohne mich!« Das ist zu früh entschieden. Denn seltsamerweise kommen die meisten Frauen privat mit der männlichen Hierarchieregel grandios zurecht – sie verwenden sie sogar zum Vorteil aller Beteiligten.

> Christine weiß privat ganz gut, wie sie ihren Partner rumkriegt, indem sie ihn Recht behalten lässt: »Jaja, mach du nur! Du kennst dich ja damit aus!« Sobald er das hört, zieht er von dannen – und sie kann die Sache so machen, wie sie sich das vorstellt. Selbst wenn er ihr dabei über die Schulter schaut, weiß sie sich zu helfen: »Ich gebe ihm einfach in Kleinigkeiten demonstrativ Recht, damit er sich im Gefühl seiner männlichen Überlegenheit sonnen kann, und mir dafür in den wirklich wichtigen Dingen freie Hand lässt.«

Das ist manipulativ? Das wäre es nur dann, wenn Christines Partner sich manipuliert fühlen würde oder einen Nachteil davon hätte. Weder das eine noch das andere ist der Fall – nicht nur bei Christines Partner. Daher: Was Sie privat erfolgreich macht, macht Sie auch beruflich erfolgreich. Wenn Sie merken, dass Chef, Kollege oder Kunde mal wieder partout Recht behalten will, tun Sie ihm den Gefallen. Es zahlt sich für alle Beteiligten aus.

Sie sollen dabei nicht rückwärts umfallen, kuschen oder Zugeständnisse machen, die Sie nicht machen möchten. Niemand verlangt, dass Sie sich verbiegen. Ein simples »Da haben Sie auch wieder Recht« genügt vollauf. Dabei fällt keiner Frau ein Zacken aus der Krone – obwohl sich einige sehr über diese »männliche Borniertheit«

aufregen. Doch in diesem Buch reden wir nicht davon, wie frau sich über Männer aufregt, sondern wie sie besser miteinander zurechtkommen, damit beide etwas davon haben.

MITARBEITERFÜHRUNG: WAS PASSIERT, WENN FRAU NICHT MITSPIELT

Dass Frauen tendenziell nicht hierarchisch führen, wird ihnen pauschal als »weiblicher Führungsstil« zum Vorteil angerechnet. Dieser Vorteil ist reine Management-Folklore. Denn gerade bei der Mitarbeiterführung bewirkt die Missachtung der Regel »Ober sticht Unter« die größten Fehler, die Frauen begehen. Als Konsequenz daraus lehnen viele Mitarbeiter Frauen als Vorgesetzte ab. Sie lehnen sie nicht ab, weil sie Frauen sind (wie viele Laien meinen), sondern weil sie etwas nicht tun, das jeder Mitarbeiter von einem Vorgesetzten erwartet: dass sie sich wie Vorgesetzte benehmen.

> Christine sagt zu einem Mitarbeiter: »Bevor wir die Feasibility-Studie machen, sollten wir noch eine Zielgruppen-Analyse vorschalten.« Der Mitarbeiter sagt danach zu einem Kollegen: »Warum redet sie nicht Klartext? Meint sie nun mich oder jemanden anders?«

Warum regt sich der Mitarbeiter so auf? Weil Christine nicht hierarchisch führt. Sie steht dem Mitarbeiter nicht frontal gegenüber, sie steht Schulter an Schulter und sie benutzt das Pronomen »wir«. Sie tut gerade so, als ob sie keine Vorgesetzte, sondern eine Kollegin wäre. Sie meint das nur gut – doch es kommt böse an! Ein Mann hätte sich vor dem Mitarbeiter aufgebaut und gesagt: »Machen Sie eine

Zielgruppen-Analyse!« Und genau das hat der Mitarbeiter, der ein Mann ist, auch erwartet! Stattdessen bekommt er eine Kostprobe des »weiblichen Führungsstils« und weiß jetzt nicht, was von ihm erwartet wird.

Männer spielen hierarchisch. Deshalb erwarten Ihre Mitarbeiter auch, dass Sie (hin und wieder) als Chefin auftreten.

Sie sollen Ihre Mitarbeiter beileibe nicht (wie es viele Kollegen tun) im Kasernenhofton über die Flure jagen. Sie sollen lediglich dann die Chefin geben, wenn die Chefin erwartet wird. Der (männliche, typische) Mitarbeiter denkt sich nämlich: »Ich nehme nur von Vorgesetzten Anweisungen an.« Wenn Sie sich dagegen, in bester Absicht versteht sich, mit ihm auf eine Stufe stellen, ist das zwar nett gemeint – doch Sie zerstören damit in den Augen des Mitarbeiters (und die allein zählen) Ihre eigene Autorität! Das will der Mitarbeiter nicht!

Wenn Frauen in Führungspositionen sich (in bester Absicht) klein machen, enttäuschen und verwirren sie ihre Mitarbeiter.

Das verstehen Sie zwar, haben aber trotzdem ein ungutes Gefühl dabei? Das ist normal. Frauen sind in der Regel eher aufgabenorientiert. Sie spielen nicht gerne nach der Hierarchieregel – aber sie können danach spielen. Viele erfolgreiche Frauen beweisen es täglich. Probieren Sie es. Sie werden feststellen, dass Sie sich nichts dabei vergeben, dass im Gegenteil die Zusammenarbeit mit den Mitarbeitern deutlich besser wird, Sie mehr von den Mitarbeitern geachtet werden und Sie es leichter in Ihrem Job haben.

WOHER DIE SPIELREGEL KOMMT

Warum spielen Männer »Ober sticht Unter«? Nicht aus sadistischer Freude an Dominanz und Unterordnung, sondern wegen ihres entwicklungsgeschichtlichen Hintergrunds als Jäger und Fallensteller: Wenn der Bär die Position des Ober einnahm, musste der Mann weglaufen (sich unterordnen), um zu überleben. Wenn dagegen der Mann der Ober war, dann gab's abends Bärenbraten. Diese instinktive Unterscheidung in Ober und Unter war jahrtausendelang überlebenswichtig für ihn und seine Sippe. Das hierarchische Denken ist also keineswegs ein Charakterfehler, sondern lediglich entwicklungsgeschichtliches Erbe. Frauen waren entwicklungsgeschichtlich dagegen eher für die Pflege der Gemeinschaft verantwortlich – und da ist es nun mal schlecht, wenn sich eine über die Gruppe stellt. Das männliche Hierarchiedenken ist eine sinnvolle evolutionäre Anpassung, die sich zwar heute größtenteils überlebt hat – doch was seit Zehntausenden von Jahren eingepaukt wurde, gewöhnen Sie einem Mann nicht in den nächsten Monaten ab.

Die Spielregel
»Fürchte Frauen!«

Christine soll eine frei gewordene Teamleiterstelle neu besetzen. Ihr Chef sagt: »Aber bitte keine Frau. Wir haben schon genug Frauen als Teamleiterinnen.« Christine bringt vor Staunen erst einmal kein Wort heraus.

Ist Christines Chef ein typischer Chauvi? Nein. Er hat lediglich eine Heidenangst vor Frauen in Führungspositionen. Wie den meisten Männern sind sie auch ihm nicht ganz geheuer. Diese latente Furcht ist täglich an vielen versteckten Symptomen zu beobachten: am Miss-

trauen, das Frauen in Führungspositionen entgegengebracht wird;
an den vielen kleinen Sticheleien Marke »Typisch Frau!«. An den
kursierenden Bürowitzen:

PRIMA, ein Dienstleistungsunternehmen, schickt seine Spitzenkräfte
auf ein teures Seminar. Sie sollen lernen, auch mit ungewohnten Situationen fertig zu werden. Am zweiten Tag bekommen die Manager die
Aufgabe, die Höhe einer Fahnenstange zu messen. Sie beschaffen sich
also eine Leiter und ein Bandmaß. Doch die Leiter ist zu kurz. Also holen
sie einen Tisch, auf den sie die Leiter stellen. Auch das reicht noch nicht.
Also holen sie einige Paletten und Stühle – doch die Konstruktion fällt
immer wieder um. Alle reden durcheinander, jeder hat einen anderen
Vorschlag zur Problemlösung. Da kommt eine Frau vorbei und sieht
eine Weile dem Treiben zu. Dann zieht sie wortlos die Stange aus der
Verankerung, legt sie auf die Erde, nimmt das Bandmaß und misst die
Stange von einem Ende zum anderen, schreibt das Ergebnis auf einen
Zettel und drückt es dem nächsten Mann in die Hand. Dann geht sie wei-
ter. Eine Weile ist es still. Dann sagt der Alpha-Mann der Gruppe: »Ty-
pisch Frau! Wir brauchen die Höhe der Stange und sie misst die Länge.
Total daneben. Auch deshalb lassen wir Frauen nicht in den Vorstand!«

Dieser Witz, der in unseren Seminaren oft für Heiterkeit sorgt, hat einen wahren Kern: Frauen präsentieren oft Lösungen, die simpel und
effektiv sind, worauf Männer entgegnen: »Das haben wir nicht be-
stellt!« Dieses Missverständnis ist der eigentliche Grund, weshalb
Männer Frauen in Führungspositionen nicht akzeptieren: Sie verstehen Frauen nicht. Sie wissen nicht, wie sie sich verhalten sollen,
wenn plötzlich eine Frau die Stange aus dem Boden zieht. Sie möchten keine führende Frau um sich haben, denn sie befürchten, dass
diese bald schon etwas tun wird, was sie nicht verstehen, überblicken
können, worauf sie keinen Einfluss haben. Sie verstehen Frauen
nicht und das macht ihnen – wie alles Unbekannte – Angst. Das ist

nichts Chauvinistisches (auch wenn es so wirkt). Das ist ein menschlicher Schutzreflex.

Frauen bemerken diesen Schutzreflex meist noch nicht einmal. Sie bemerken nur dessen Auswirkungen: Obwohl die Frau kompetenter ist als der Mann, wird der Mann eingestellt, befördert, kriegt das Prestigeprojekt oder den Key-Account. Diskriminierung? Nein (da keine Intention vorliegt), eher Angst. Natürlich unbewusste Angst. Wäre sie bewusst, könnten (mehr) Männer damit umgehen. Wie gehen Frauen damit um? Meist so verständnislos wie die Männer. Im Beruf erfolgreiche Frauen überwinden diese Irritation jedoch.

> Lea zum Beispiel sagt: »Da meiner Erfahrung nach Männer völlig anders denken, erkläre ich selbst die simpelsten Dinge, die ich tue, kurz und klar. Ich sage, was ich tue, warum ich es tue und was dabei herauskommt.« Diese Strategie zeigt Wirkung. Viele ihrer Kollegen und Mitarbeiter sagen: »Bei ihr wissen wir, woran wir sind. Was sie macht, hat Hand und Fuß.« Aber nur, weil sie alles vorab erklärt.

»Die kriegt ja doch bald **Kinder**!«

Ein Sonderfall der Männerangst ist der stillschweigende Einstellungsstopp für Frauen. Solange ein Frauen fürchtender Mann noch die Wahl hat, stellt er lieber einen Mann ein – auch wenn die Frau qualifizierter ist. Der vorgeschobene Grund, den er durchaus Kollegen gegenüber zugibt: »Die heiratet ja doch, bekommt Kinder und fällt dann aus!« Viele gehen sogar so weit – was illegal ist –, diesen Vorbehalt im Bewerbungs- oder Mitarbeitergespräch anzudeuten. Das bringt viele Frauen maßlos in Rage. Der Spruch einer besonders erbosten Kollegin ging in die Literatur ein: »Soll ich etwa meine Gebärmutter am Empfang abgeben?« Nein. Angst kann man nicht durch

Konfrontation überwinden. »Im Keller ist doch kein Monster!« Das glaubt nicht einmal ein Kind.

Angst ist nur an ihren Wurzeln zu kurieren. Denn kein Mann hat Angst davor, dass die Frau heiratet und Kinder kriegt (das ist nur ein sozial akzeptierter Vorwand). Er hat Angst davor, dass die Frau ihm aus dem Ruder läuft, weil er sie nicht versteht. Dass sie Intrigen spinnt (was Frauen seit Jahrtausenden nachgesagt wird), in deren Netz er sich hilflos verfängt. Also muss frau dem Mann nicht die Angst vor Kindern, sondern die Angst vor dem Unbekannten nehmen. Wie? Nicht indem Sie ihm sagen: »Ich will keine Kinder!«, sondern indem Sie ihm detailliert erklären, wie Sie sich die Zusammenarbeit mit ihm, den Kollegen und den Mitarbeitern vorstellen; wie Sie führen und organisieren, planen und entscheiden und vor allem, dass Sie ihn permanent und detailliert über alles informieren werden. Diese Aufklärung nimmt Männern die quälende und letztendlich diskriminierende Unsicherheit und sie sehen: »Die Kollegin ist keine Intrigantin, sie kocht mit Wasser – wie wir auch!«

Die Spielregel
»Profiliere dich!«

Meetings sind schon durch ihre Zusammensetzung ein Problem: eine oder zwei Frauen – viele Männer. Hinzu kommt, dass Männer auch auf Meetings nach eigenen Regeln spielen. Hier sind die häufigsten Fragen zu diesem Problem, wie sie in Seminaren und Coachings gestellt werden:

Männer erzählen häufig Witze auf Meetings. Das ist weder lustig noch sachdienlich. Aber ich weiß nicht, wie ich mich verhalten soll. Höflich mitlachen? Zur Ordnung ermahnen? Nicht mitzulachen wirkt äußerst unhöflich und reizt Männer zu der bekannten Reaktion: »Typisch Frau

– kein Sinn für Humor.« Auf keinen Fall sollten Sie die Augen rollen, den Mund verziehen, mit den Fingern ungeduldig trommeln oder ein anderes nonverbales Signal des Missfallens senden. Denn gerade diese (unbewussten!) Signale provozieren Männer heftiger als eine abfällige Bemerkung. Bitte sagen Sie auch auf keinen Fall: »Könnten wir wieder zum Thema zurückkommen?« Auch das wird nicht als Ruf zur Ordnung empfunden, sondern als persönliche Beleidigung. Wer einen Witz erzählt, will gewürdigt werden, also lachen Sie höflich mit. Witze sind in der Regel so kurz, dass sie keinen Ordnungsruf nötig machen, da danach wieder zur Tagesordnung übergegangen wird. Sie müssen andererseits nicht selbst einen Witz erzählen, nur um zu beweisen, dass Sie mithalten können. Das ist nicht nötig und wird auch nicht erwartet.

Ich werde auf Meetings ständig angemacht: »Tolles Kostüm heute«, »Haben Sie eine neue Frisur?« Muss ich mir das gefallen lassen? Die spontane Reaktion ist meist Verärgerung: »Was nimmt der Kerl sich heraus? Es geht hier um mein Hirn und nicht um meine Beine!« Die Frau will als Kollegin ernst genommen werden und wird doch wieder nur als Vorzeigepuppe behandelt. Frauen sagen oft nichts zu dieser Anmache, verziehen den Mund oder benutzen (unbewusst) eine andere missbilligende Mimik (s.o.). Der Mann nimmt diese Signale durchaus wahr, zeigt der Frau darauf die kalte Schulter und schwärzt sie bei den Kollegen an: »Diese Zicke! Da bin ich mal nett zu ihr – aber mit der kann man sowieso nicht reden.« Wie reagieren besonders erfolgreiche Frauen auf diese Situation? Sie spielen mit. Lea zum Beispiel meint auf ein Kompliment ihres Vorgesetzten mit schelmischem Lächeln: »Ich möchte Ihnen ja auch gefallen!« Der Vorgesetzte schaut verdutzt, durchschaut dann die Ironie und kommt von alleine drauf, dass er sich nicht klug verhalten hat.

Wer nicht so viel Selbstsicherheit mitbringt wie Lea, stelle sich einfach vor, in der Disco (oder anderswo) zu sein: Außerhalb der Arbeit schätzen wir solche Komplimente nämlich eher. Sagen Sie sich: »Dem gefalle ich eben – alles andere blende ich erst mal aus.« Mit dieser Einstellung im Hinterkopf fällt es leicht, mitzuspielen und einfach »Danke!« zu sagen.

Im Meeting sitzen 15 Männer. Aber wenn es ums Kaffeekochen oder Protokollschreiben geht, delegiert mann das automatisch der einen Frau am Tisch. Die Spontanreaktion vieler Frauen: Wut, Enttäuschung, Hilflosigkeit – und die Frage: »Was mache ich da?« Auf gar keinen Fall runterschlucken, über die Männer lästern und auf Besserung hoffen – wie schon Thornton Wilder sagte: Hope has never changed tomorrow's weather. Beobachten Sie erfolgreiche Frauen. Die machen das ganz abgeklärt: »Ich habe das Protokoll das letzte Mal geschrieben. Wer übernimmt es heute?« Das macht Männern viel besser als jeder Vorwurf (der eine Trotzreaktion provoziert) deutlich, dass fürs Protokoll alle gleichermaßen zuständig sind. Verstärkte Variante: »Sorry, ich habe derzeit einfach zu viel um die Ohren. Wer kann heute das Protokoll schreiben?« In der Kaffeefrage: »Kann keiner von euch Kerls einen anständigen Kaffee kochen?« Das wirkt. Männer lieben Herausforderungen. Weniger provokant: »Kaffee kochen kann wirklich jeder. Das muss nicht die Frau machen, oder?«

Viele Kollegen missbrauchen die Meetings zur Profilierung. Ich frage mich ständig: Was hat das denn mit der Sache zu tun? Viele Frauen reagieren nonverbal (s.o.) oder verbal ungeduldig: »Kommen Sie doch bitte zur Sache!« Wie Männer darauf reagieren, wissen Sie. Warum verhalten sie sich so profilierungssüchtig? Weil Frauen nach der Spielregel spielen: »Die Aufgabe ist wichtig«, Männer dagegen spielen nach der Regel: »Meine Position ist wichtig (danach die Aufgabe).« Sie denken: »Es ist zwar bereits alles gesagt – aber noch nicht von mir!« Ein Mann profiliert sich so lange, bis die gewünschte Positionssicherung erreicht ist. Daher: Je früher Sie seine Position bestätigen, desto eher hört er auf zu schwadronieren. Das hat nichts mit Manipulation zu tun, lediglich mit Rücksichtnahme. Wenn Sie ein privates Problem haben, erwarten Sie zum Beispiel auch, dass der Partner zuhört, statt es für Sie zu lösen, worum Sie nicht gebeten haben.

Obwohl sie dieses Prinzip der Rücksichtnahme nachvollziehen können, haben viele Frauen Probleme beim Verbalisieren. Daher der Tipp: Fassen Sie einfach das, was der sich Profilierende gesagt hat, kurz zusammen: »Sie meinen also, dass ...« Damit verhindern Sie, dass er etwas fünfmal sagen muss, bevor er seine gesuchte Bestätigung bekommt. Sie halten dieses Verhalten von Männern für kindisch? Das bringt Sie nicht weiter. Spielregeln sind weder sinnvoll noch unsinnig – sie sind einfach da. Wer klug ist, ignoriert sie nicht, sondern spielt nach ihnen.

Wenn Sie zu wenig Selbstsicherheit haben für die eben skizzierte Zusammenfassung (»Sie meinen also, ...«), dann halten Sie sich einfach raus. Die anwesenden Männer bremsen überzogene Profilierung meist selbst nach einiger Zeit aus. Betrachten Sie das Geschehen wie einen Film und beobachten Sie: Wer bremst in der Regel den Profilierer aus? Erkennen Sie so die Hierarchie und Rollenverteilung im Meeting. Machen Sie sich keine Sorgen über Ihre Selbstsicherheit. Nach zwölf Monaten im Führungsjob haben Sie genügend davon. Falls nicht, sprechen Sie mit einem guten Coach (einem weiblichen, versteht sich).

Noch eines: Machen Sie bei der Profilierung unter allen Umständen und auf jeden Fall mit, aber moderat. Denn wenn Sie schweigend dasitzen und womöglich noch missbilligend das Haupt wiegen, senden Sie gleich drei Selbstsabotage-Signale:

1. »Ich gehöre nicht zu euch. Ich bin keine gute Führungskraft – deshalb mache ich hier nicht mit.«
2. »Ich bin etwas Besseres als ihr!«

3. »Ich habe nichts zu bieten. Ich leiste nichts, also kann ich mich auch mit nichts profilieren.« Das ist nicht wahr, aber das wirkt so. Und in der Kommunikation gilt nun mal: Wahr ist, was wirkt (also das, was beim anderen ankommt).

Die Spielregel: »Der **lauteste Frosch** wird **befördert**!«

Die meisten Frauen denken: »Wenn ich meine Arbeit gut mache, wird das honoriert.« Viele wundern sich auch: »Ich leiste so viel fürs Unternehmen – warum merkt das keiner?« Über solche Gedanken können Männer nur schmunzeln.

Eigenmarketing = Tue Gutes und rede darüber!

Frauen spielen nach der Gleichung: »Erfolg = Anerkennung!« Männer spielen nach der Gleichung: »Erfolg + Eigenmarketing = Anerkennung!«

Bitte erschrecken Sie nicht. Eigenmarketing ist entgegen der landläufigen Interpretation nicht Prahlerei oder Großspurigkeit. Es ist das Gegenteil davon:

Reden heißt nicht aufschneiden oder angeben, sondern einfach nur das: Reden. Präsent sein. Wahrnehmbar werden. Sie brauchen Eigenmarketing, um vorwärts zu kommen und um Ihre Mitarbeiter nach außen richtig darzustellen. Denn wenn Sie zu schwache Eigenwerbung betreiben, denkt jeder, dass Sie lauter miese Mitarbeiter haben. Und das stimmt nicht! Beugen Sie dem falschen Eindruck vor.

Das oberste Prinzip des Eigenmarketing: Sei präsent!

Viele Frauen tun genau das nicht. Sie delegieren Meetingbesuche und Präsentationen an Kollegen und Mitarbeiter: »Machen Sie das – ich habe noch so viel zu tun!« Sie haben das auch schon gesagt? Damit haben Sie sich und Ihren Mitarbeitern keinen Gefallen getan. Gehen

Sie nicht zu jedem Meeting und in jede Präsentation. Aber zeigen Sie sich. Von uns aus so wenig wie möglich, aber bitte so viel wie nötig.

Zeigen Sie sich vor allem den höheren Hierarchieebenen. Der Vorstand hält einen belanglosen Vortrag zum europäischen Währungsverbund? Gehen Sie hin. Sitzen Sie vorne. Gratulieren Sie ihm danach zu seinem gelungenen Vortrag. Das kostet Sie drei Stunden und bringt Ihnen und Ihren Mitarbeitern Vorteile für Monate.

Sie mögen Präsentationen nicht, weil Sie sich nicht in den Vordergrund stellen möchten? Gut, dann delegieren Sie die Hälfte der Präsentationen an Kollegen oder Mitarbeiter – aber präsentieren Sie sich, Ihre Sache, Ihre Mitarbeiter und Ihre Erfolge bei der anderen Hälfte. Fragen Sie sich vor allem: Wo sollte ich präsent sein? Nicht alle Meetings, Präsentationen oder Arbeitskreise sind gleich wichtig. Wählen Sie Ihre Anlässe der Eigenwerbung mit Überlegung. Ein banaler Tipp? Nein. Die meisten Frauen überlassen die Auswahl ihrer Selbstpräsentation nämlich dem Zufall – weil sie eben stärker an die eigentliche Aufgabe denken. Das ist okay. Doch bedenken Sie: Zu Ihrer eigentlichen Aufgabe gehört auch das Eigenmarketing!

Sich mit diesem Gedanken anzufreunden fällt vielen Frauen schwer. Eben weil sie zuerst an die eigentliche Aufgabe, die Sache denken. Die geistige Umstellung benötigt einige Wochen. Jede erfolgreiche Frau hat diese Umstellung irgendwann geschafft. Eben weil der Nutzen auf der Hand liegt: Sie können der Sache besser dienen, wenn Sie bei strategisch wichtigen Anlässen Präsenz zeigen und mitreden.

Jetzt wissen Sie auch, warum der Emanzenspruch falsch ist: »Frauen müssen das Doppelte leisten wie Männer, wenn sie die Hälfte der Anerkennung bekommen wollen.« Logisch – wenn sie nicht präsent sind! Je weniger frau präsent ist, desto mehr muss sie (im Verborgenen) leisten, um vielleicht doch noch zufällig wahrgenommen zu werden. Es liegt also weniger an der Diskriminierung durch die Männer als an der selbst auferlegten geringen Präsentation der eigenen Erfolge.

Die Spielregel
»Steh zu deinen **Erfolgen**!«

Wenn ein Mann einen Nagel in die Wand schlägt, redet er drüber, als ob er den Nobelpreis bekommen hätte. Bekommt eine Frau den Nobelpreis, tut sie so, als ob das eine Bagatelle wäre: »Ach, das war doch nichts Großartiges, das hätte jeder gekonnt, ohne meine Mitarbeiter hätte ich das nie geschafft, ich hatte auch viel Glück.«

Frauen wehren sich meist gegen Lob: »Ach, das war doch nichts!« Sie wollen bescheiden wirken. Wie wirkt das tatsächlich? Peinlich. Denn der Mann denkt: »Wenn sie das sagt, muss ja was dran sein. Vielleicht ist sie wirklich nicht so gut, wie ich dachte.« So sabotiert frau sich selbst – natürlich in bester Absicht. Warum? Weil Frauen unter Frauen anders reden. Da ist es unschicklich, sich über die Gemeinschaft zu stellen, aus dem Kreis herauszutreten. Unter Frauen gilt die Spielregel: »Wer sich hervortut, ist keine von uns!« Diese Spielregel ist unter Frauen prima: Keine muss eifersüchtig sein, keine sich benachteiligt fühlen. Wir vergessen dabei, dass Männer eine andere Spielregel haben: »Wer sich hervortut, ist einer von uns!« Also schauen Sie immer zuerst nach, in welchem Spiel Sie spielen – und beachten Sie dessen Regeln.

> Männer reden ihre kleinen Erfolge groß, Frauen reden ihre großen Erfolge klein.

Konkret heißt das: Wenn Sie ein Mann lobt, stimmen Sie ihm zu. Gewöhnen Sie es sich an, gegenüber Männern zu Ihren Erfolgen zu stehen. Nicht überheblich. Ein einfaches »Stimmt, das ist mir gut gelungen« reicht völlig. Wenn Ihnen das nur schwer über die Lippen kommt, trainieren Sie das oder lassen Sie sich coachen. Das ist keine große Sache – aber eine nötige!

Was Sie auf keinen Fall sagen dürfen, wenn Sie ein Mann anerkennt: »Danke!« Ein kleines Mädchen bedankt sich, wenn es ein Bonbon geschenkt bekommt. Sie wollen jedoch nicht als kleines

Mädchen angesehen werden, sondern als vollwertige Kollegin. Männer wollen mehrheitlich keine kleinen Mädchen, sondern Kolleginnen. Sie wollen nicht, dass Sie sich für Anerkennung bedanken, sondern dass Sie mitreden: »Ja, das hat wirklich gut hingehauen.« Wenn frau erfahren ist, lässt sie den Mann am Erfolg teilhaben: »Wir haben auch deshalb so gut abgeschnitten, weil Sie mich damals auf die Projektpuffer aufmerksam gemacht haben.« Das wollen Männer hören, denn eine weitere ihrer Spielregeln lautet: »Be on the winning team – sei Mitglied im Siegerteam, egal welches es ist!«

Die Spielregel »Steh nicht mit dem **schwarzen Peter** da!«

Beobachten Sie Ihr Umfeld. Wenn irgendetwas schief geht, entschuldigen Frauen sich oft vorbeugend: »Das konnte ich doch nicht wissen!« »Tut mir leid, das ging daneben.« Und das, obwohl niemand einen Vorwurf erhoben hat. Damit erreichen sie natürlich genau das Gegenteil: Wer die Schuld abstreitet, hat wohl Dreck am Stecken.

Gewöhnen Sie sich die unreflektierte Entschuldigung ab. Wenn etwas schief gegangen ist, werden Sie nicht persönlich (»War nicht meine Schuld!«), bleiben Sie sachlich: »Wie können wir das künftig vermeiden? Wie bügeln wir die Folgen aus?«

Erhebt tatsächlich jemand einen Vorwurf gegen Sie, lassen Sie diesen auf keinen Fall stehen. Denn laut der männlichen Spielregel machen das nur Weicheier: »Typisch Frau. Nicht tough enough fürs Business. Fängt gleich an zu flennen, wenn's wo brennt.« Kontern Sie sachlich: »Was genau lief in Ihren Augen schief?« Bleibt das Gegenüber weiter unsachlich, können Sie ebenfalls leicht persönlich werden: »Hätten Sie's anders gemacht?«, und bei der Antwort einfach nur die Brauen in die Höhe ziehen. Das reicht. Lässt der Angreifer immer noch nicht locker, nehmen Sie ihm den Wind aus den Segeln, indem Sie relativieren: »Sie machen aus einer Mücke einen Elefanten. Lassen Sie uns die Sache doch mal sachlich betrachten.«

Tipp

Auf einen Blick: Kennen Sie die Spielregeln?

- Erkennen Sie die Spielregeln an Ihrem Arbeitsplatz – die der Männer und die der Frauen!
- Spielen Sie mit – ohne sich zu verbiegen.
- Männliche Spielregeln sind entwicklungsgeschichtliche Überbleibsel – sie sind keine Chauvi-Schikane!
- »Ich bin der Chef!« Wenn er Unterwerfung fordert, geben Sie sie ihm in strategischen Dosen (taktische Konzession). Tun Sie das bewusst, schadet es Ihrer Seele nicht.
- Treten Sie Mitarbeitern zumindest bei Anweisungen als Vorgesetzte, nicht als Kollegin, entgegen. Tun Sie es nicht, untergraben Sie Ihre Autorität.
- Treffen Sie auf männlichen Pauschalwiderstand gegen Frauen, erkennen Sie die versteckte Furcht vor der weiblichen Intrige und erklären Sie sich deutlich und wiederholt.
- Betreiben Sie für sich und Ihre Mitarbeiter zu ausgesuchten Anlässen klares und wahres Eigenmarketing.
- Lernen Sie, zu Ihren Erfolgen zu stehen!

Kapitel 6

Frauen
unter
Frauen

Frauen sabotieren Frauen

Betrachten wir die immer noch äußerst geringe Zahl von Frauen in Führungspositionen, könnten wir zum Schluss gelangen, dass alle Frauen sich freuen müssten, wenn es eine von ihnen »schafft«. Das wäre schön – doch leider ist es selten so. In der Regel machen Frauen sich nämlich oft gegenseitig das Leben schwer. Sie behindern sich beim Vorwärtskommen und betätigen sich als Aufstiegsbremse für Kolleginnen. Wenn eine von ihnen es schafft, freuen sich viele andere nicht, sie reagieren mit Neid und Missgunst und machen der Kollegin, die es geschafft hat, das Leben schwer.

Die Betroffenen reagieren überrascht und verletzt: »Ich dachte, die Kolleginnen freuen sich mit mir. Stattdessen spricht keine mehr mit mir!« Viele Frauen nehmen keine Führungsposition an, weil sie wissen, wie verletzend andere Frauen darauf reagieren können. Dieses verletzende Verhalten ist überraschend, ärgerlich und kostet ungeheuer viel Energie. Als ob frau mit dem neuen Job nicht schon genug Arbeit hätte, muss sie sich nun auch noch mit der Missgunst der Kolleginnen herumschlagen. Doch genau da liegt der Denkfehler: Sie müssen sich damit nicht herumschlagen! Es gibt eine Alternative.

WARUM FRAUEN MISSGÜNSTIG REAGIEREN

Ein erster Schritt zum konstruktiven Umgang mit Missgunst besteht darin, sie verstehen zu lernen. Warum reagieren viele Frauen so frauenfeindlich, wenn es eine von ihnen beruflich weiterbringt? Im vorhergehenden Kapitel haben wir dafür eine Erklärung kennen gelernt: Männer denken und handeln in Hierarchien, Frauen in einer Kreisstruktur.

Durchbricht eine Frau diese Struktur, indem sie über den Kreis hinaustritt und eine höhere Position einnimmt, verletzt sie eine unausgesprochene Spielregel. Diese Regelverletzung wird von den im Kreis Verbliebenen, den Ex-Kolleginnen, geahndet. Viele Frauen nehmen diese Ahndung achselzuckend zur Kenntnis, fügen sich oder geben den Gedanken gleich auf, beruflich voranzukommen. Frauen, die den Aufstieg geschafft haben und trotzdem gut mit den Ex-Kolleginnen auskommen, gehen anders damit um. Sie setzen sich aktiv damit auseinander. Wie? Das hängt davon ab, auf welche Weise sie von anderen Frauen ausgebremst werden. Im Folgenden betrachten wir, wie Sie sich erfolgreich auseinandersetzen mit

- Neidattacken,
- Bremserinnen,
- Selbstsabotage.

NEIDATTACKEN

Tritt eine Frau aus der Kreisstruktur heraus, indem sie befördert wird, wird sie oft mit Neidreaktionen konfrontiert: Sie wird von einigen Ex-Kolleginnen geschnitten, nicht mehr zu Treffen und Partys eingeladen; wenn sie vorübergeht, verstummen die Gespräche; ihre Gesprächsangebote werden nicht mehr angenommen; frau zeigt ihr die kalte Schulter.

Viele Frauen hätten dieses abweisende Verhalten von männlichen Kollegen erwartet, von Frauen überrascht und verletzt es sie. Warum? Weil sie sich persönlich getroffen fühlen. Das ist keine glückliche Schlussfolgerung. Die missgünstigen Kolleginnen hassen nämlich die Beförderte nicht plötzlich. Sie sind lediglich neidisch: »Sie hat's geschafft und ich nicht. Was hat sie, was ich nicht habe?« Nun ist Neid keine besonders wohltuende menschliche Reaktion. Wir leiden darunter. Deshalb vergessen wir oft, dass gegen Neid ein Kraut gewachsen ist:

Sandra leidet täglich unter dem Neid ihrer Ex-Kolleginnen. Ihre Frustration wird erheblich gemildert, als ihr eine ältere Kollegin den Rat gibt: »Neid ist normal. Nehmen Sie das bloß nicht persönlich! Neid muss man sich hart erarbeiten. Nur Mitleid kriegt man geschenkt.« Diese geschickte Umdeutung von Neid ist einer der Schlüssel, um mit dieser Situation angemessen und vor allem emotional entlastend umzugehen.

Richtig mit Neid umgehen

- Reagieren Sie nicht überrascht auf Neid – rechnen Sie damit (nicht bei allen, aber bei einigen Kolleginnen)!
- Neid ist nichts Bösartiges, sondern nur menschlich.
- Deuten Sie den Neid kreativ um (Reframing): »Neid bedeutet, dass ich etwas erreicht habe! Auch Neid ist ein Zeichen meines Erfolgs!« Sehen Sie Neid quasi als Auszeichnung. Nur Menschen, die etwas Gutes erreicht haben, werden beneidet (wäre es nichts Gutes, müsste man sie nicht beneiden).
- Lassen Sie gleichzeitig Ihre Trauer zu (nur so können Sie sie mit der Zeit überwinden): Es war eben schon schön kuschelig im Kreise der Ex-Kolleginnen.
- Suchen Sie sich einen neuen Kolleginnenkreis um Ihre neue Position herum.
- Ihre beste Freundin haben Sie sowieso außerhalb des Berufs. Die beste Freundin ist nicht neidisch.

Nehmen Sie ganz bewusst innerlich Abschied vom alten Kolleginnenkreis. Die Kolleginnen gehen Ihnen ja nicht völlig verloren! Es ändert sich lediglich etwas in Ihrem gegenseitigen Verhältnis. Mit der Zeit und mit Geduld pendelt sich das Verhältnis wieder so ein, dass der Neid zurückgeht und das Klima besser wird. Außerdem sind Ihnen nicht alle Ex-Kolleginnen gram. Mit denen, die sich innerlich für Sie freuen, können Sie auch weiterhin guten Kontakt pflegen, sofern und soweit das der alte Kreis eben zulässt.

Dass nicht alle Ex-Kolleginnen grün vor Neid auf Sie sind, sollten Sie sich übrigens immer mal wieder ins Gedächtnis rufen. Vor allem dann, wenn Sie unter einer Neidattacke leiden: »Die sind alle so gemein zu mir!« Nein, eben nicht alle. Jene, die neidisch auf Sie sind, tun das recht laut kund. In diesem neidvollen Lärm überhört man leicht die stille Zustimmung der anderen. Doch Sie können sie hören, wenn Sie genau hinhören. Zustimmung und emotionale Unterstützung machen meist keine lauten Töne – weil das auch der Konformitätsdruck des geschlossenen Kreises nicht zulässt. Doch das brauchen Sie auch nicht. Emotionaler Beistand signalisiert sich durch den zustimmenden Blick, das freudige Lächeln, die freundliche Geste – das tut gut und kompensiert das Geschrei der Neidischen.

Sehen Sie sich zeitgleich mit dem inneren Abschied vom alten Kreis nach einem neuen um. Suchen Sie sich auf Ihrer neuen Hierarchieebene einen neuen Kolleginnenkreis. Welche Frauen befinden sich noch auf derselben Ebene oder eine Ebene darüber? Verstärken Sie auch Ihren Freundinnenkreis im privaten Bereich.

KEINE RÜCKFÄLLE!

Versuchen Sie auf keinen Fall, wieder in den alten Kreis der Ex-Kolleginnen zurückzukommen! Versuchen Sie zum Beispiel nicht, wieder in die Gespräche der anderen integriert, wieder eingeladen zu werden. Bieten und biedern Sie sich nicht an. Das kostet nur unnötig Energie und schafft viel Verdruss und Leid – auf beiden Seiten übrigens. Denn die Ex-Kolleginnen können mehrheitlich nicht über ihren Schatten springen und Sie verausgaben sich emotional.

Akzeptieren Sie einfach einige Tage oder Wochen nach Ihrem Aufstieg, dass Sie den Kreis im Guten verlassen haben. Der alte Kreis war schön und angenehm – doch jetzt geht's auf zu neuen Ufern bzw. Kreisen. Es hat auch viel Schönes, solche neuen Kreise zu suchen und zu finden. Frauen sind darin übrigens geübter als Männer und haben beim Finden neuer Freundeskreise auch mehr Spaß.

Konzentrieren Sie sich vor allem auf das, was Sie in Ihrer neuen Position für sich und die Sache der Frau tun können. Die Devise lautet: Miteinander voran – statt sich mit Neidattacken aufzuhalten.

DIE BREMSERINNEN

Wenn Sie befördert werden, können Sie fest damit rechnen, dass Sie einigen Bremserinnen begegnen werden:

- Die Bessere, die über Sie tuschelt: »Sie hat auch nicht mehr drauf als wir – sie hat einfach nur die kürzeren Röcke!«
- Die Intrigantin ist Ihnen gegenüber recht freundlich – macht Sie jedoch hintenrum madig.
- Die über alles Erhabene lässt ganz beiläufig, wenn Sie es hören können, Bemerkungen fallen wie: »Eine Führungsposition ist nichts für mich. Das geht gegen meine moralischen Werte.«
- Die Emanze bremst Sie aus, indem sie Sie zur Beförderung beglückwünscht und gleichzeitig zur Schlacht gegen die bösen Männer aufruft – versuchen Sie mal, mit dieser Einstellung ein Meeting zu besuchen, in dem auch Männer sitzen!
- Die Enttäuschte schmiert Ihnen bei jeder Gelegenheit aufs Brot: »Früher warst du ganz anders. Wo bleibt deine Weiblichkeit?«
- Die Nörglerin mäkelt an Ihnen herum: »Bist du immer noch im Büro? Schon wieder ein Meeting? Brauchst du das etwa? Was bringt dir das denn?«

Alle diese (wohlgemerkt: meist unbewussten!) Bremsversuche ziehen eine frisch beförderte Frau unheimlich herunter. Sie fühlt sich im neuen Job sowieso erst einmal unsicher und jetzt kommt noch die massive Verunsicherung durch andere Frauen hinzu! Frau fragt sich unwillkürlich: Stimmt das? Ist meine neue Position wirklich unmoralisch? Habe ich meine Weiblichkeit verloren? Deshalb:

- Fallen Sie nicht darauf herein! Nehmen Sie nichts, was die Bremserinnen einflüstern, für bare Münze.
- Setzen Sie die Bremserei in den richtigen Kontext: Es geht überhaupt nicht um Tatsachen – hier spricht lediglich der Neid. Das ist alles gar nicht wahr, da steckt nur Neid dahinter. Und Neid ist menschlich.

Sobald Sie sich das klar gemacht haben und bei jedem neuen Bremsversuch erneut klar machen, zieht Sie das nicht mehr runter; bremsen Sie die Bremsversuche nicht mehr aus, haben Sie diesen Energiefresser abgestellt.

Mit dieser Vorgehensweise erübrigt sich auch die häufigste Spontanreaktion auf Bremsversuche: zurückschießen. So reagieren viele Frauen zwar auf Bremsversuche, doch das kostet sehr viel Energie und lässt die Situation eskalieren, was noch mehr Energie verschwendet.

Gehen Sie nicht auf Bremsversuche ein. Nehmen Sie sie wahr und denken Sie sich Ihren Teil.

Sie können mit Bremsversuchen immer noch am besten umgehen, wenn Sie sie buchstäblich umgehen. Das bedeutet nicht, die Nase über die bremsenden Kolleginnen zu rümpfen, sondern sich einfach in Gelassenheit zu üben.

Warum **bremsen** Frauen?

Frauen bremsen andere Frauen, wenn und weil sie auf sie neidisch sind. Woher der Neid? Die Ursache von Neid ist ein schwaches Selbstwertgefühl. Wer ausgeglichen, innerlich stark, selbstbewusst, mit sich und der Welt glücklich und zufrieden ist, hat keinen Anlass für Neid. Denn das, was sie hat und ist, genügt ihr ja.

Wer dagegen mit sich und der Welt unzufrieden ist, reagiert mit Neid, sobald es jemand (zumal aus dem eigenen Frauenkreis!) besser zu haben scheint. Diese Reaktion ist auf keinen Fall vorsätzlich und bösartig – sie erfolgt ganz unbewusst. Auch deshalb streiten sich erfolgreiche Frauen nicht verbal mit Neiderinnen und Bremserinnen.

> Sandra sagt: »Neid ist immer ein Zeichen von Unsicherheit. Nicht ich habe das Problem, sondern die Frauen, die mich aus Neid ausbremsen. Im Grunde kann ich sie verstehen. Deshalb kann ich ihnen ohne Groll begegnen.«

Ich brems' mich **selber** aus

Frauen wissen ganz genau, wie verletzend andere Frauen aus Neid sein können. Deshalb lehnen viele Frauen den beruflichen Aufstieg rundheraus ab – sie möchten nicht verletzt werden. Andere wiederum, die es schon geschafft haben, machen sich künstlich klein, um den Verletzungen zu entgehen: »Ich weiß auch nicht, warum ausgerechnet ich befördert wurde. Übrigens, treffen wir uns wieder Freitagabend? Ach bitte, ich würde mich so freuen!« Dieses Zitat hinterlässt beim Lesen ein ungutes Gefühl.

Wer sich klein macht, erniedrigt sich.

Es ist egal, ob Sie ein anderer oder ob Sie sich selbst erniedrigen – der Schaden für Emotionen, Selbstwertgefühl und Seele bleibt derselbe. Also lassen Sie's einfach. Bremsen Sie sich nicht selbst aus und machen Sie sich nicht selber klein. Lösen Sie das Dilemma, indem Sie Prioritäten setzen.

Fragen Sie sich in einer ruhigen Minute einfach: Was ist mir derzeit wichtiger? Mein kleiner, feiner Kuschelkreis oder mein beruflicher Aufstieg? Auf diese Frage gibt es keine richtige oder falsche Antwort. Außerdem kennt die Antwort darauf nur ein einziger Mensch: Sie selbst. Hinzu kommt, dass die Antwort darauf von Jahr zu Jahr wechselt. Das ist nicht irritierend, son- **Prioritäten zu setzen löst Probleme.** dern erdend: Solange Sie auf Ihre inneren Prioritäten hören, werden Sie immer im Einklang mit Ihrem Inneren leben und entscheiden, sich nicht zu verbiegen und immer die für Sie richtige Entscheidung zu treffen.

Was ist Ihnen wirklich und aus tiefstem Herzen wichtiger? Im Kreise der Kolleginnen zu bleiben? Wenn dies die Antwort ist, werden Sie irgendwelchen Aufstiegschancen keine Träne nachweinen und zufrieden im Kreis der Kolleginnen weiter leben und arbeiten. Wenn Ihnen jedoch tief im Herzen das berufliche Vorwärtskommen wirklich wichtiger ist, werden Neid, Bremsversuche und der Abschied vom alten Kreis keine Probleme für Sie sein. Denn Sie haben sich entschieden und können zu dieser Entscheidung stehen. Sie müssen diese Entscheidung lediglich in einer ruhigen Minute suchen und treffen.

FRAUEN FÜHREN FRAUEN

Wenn eine Frau eine Abteilung oder Arbeitsgruppe führt, in der ausschließlich Frauen arbeiten, läuft das erfahrungsgemäß problemlos. Probleme gibt es jedoch häufig dann, wenn unter den geführten Mitarbeitern ein Mann ist. Dann akzeptieren viele Frauen die Frau als Führungskraft nicht. Warum? Weil Frauen nicht völlig hierarchiefeindlich sind. Sie wissen, dass in der realen Welt die Kreisstruktur nicht immer und überall funktioniert. Irgendwann muss selbst eine Matriarchin mal sagen, wo's lang geht. Sind nur Frauen in der Gruppe, wird jene, die über den Kreis hinaustritt und die Führungsposition einnimmt, geduldet – weil es ja schließlich irgendeine machen muss! Ist aber auch nur ein einziger Mann dabei, dann kann doch gefälligst dieser den ungeliebten Job übernehmen! Das muss dann doch nicht eine Frau machen! Tut sie es trotzdem, kommen alle Mechanismen in Gang, die wir oben beleuchtet haben. Die Folge: Die Frau wird von (vielen) Frauen als Führungskraft nicht akzeptiert.

- Sie umgehen einfach die Chefin und wenden sich direkt an deren Vorgesetzten.

- Sie ignorieren die eigene Chefin und klären wichtige Fragen mit der »natürlichen Autorität« der Arbeitsgruppe: mit dem vorhandenen oder dominanten Mann.

- Sie nehmen eine Frau als Chef nicht ernst. Ständig kommunizieren sie ihr verbal und nonverbal: »Nun hab dich nicht so! Du bist doch eine von uns! Spiel hier nicht die Chefin!«

- Sie diskriminieren ihre Chefin nonverbal: Macht die Chefin einen Vorschlag, runzeln sie die Stirn, ziehen die Augenbrauen hoch, schürzen verächtlich die Lippen. Macht ein Mann denselben Vorschlag, leuchten ihre Augen. Die Chefin steht daneben und kann's nicht fassen ...

Tipp

Wenn Frauen Sie nicht als Chefin akzeptieren

- Reagieren Sie nicht überrascht; rechnen Sie damit.
- Lassen Sie die Enttäuschung zu und überwinden Sie sie.
- Gehen Sie nicht in die Schmollecke, werden Sie aktiv.
- Überreagieren Sie nicht, zahlen Sie es den Frauen nicht heim.
- Stellen Sie vielmehr ruhig und sachlich die eigene Autorität klar: »In dieser Frage entscheide ich und niemand sonst. Und wenn es etwas zu klären gibt, dann klärt das doch bitte mit mir.«

Reicht das? Ja. Klarheit reicht. Klarheit reicht immer.

NETWORKING

Männer betreiben seit jeher Networking im Business. So ist das Old Boys Network zum geflügelten Wort geworden. Doch auch unterhalb der Führungsebenen, auf die sich dieses Wort bezieht, hat jeder Mann bei der Arbeit seine Kumpels, Mitstreiter und die Kollegen, die ihm noch einen Gefallen schuldig sind. Mann hilft sich eben gegenseitig aus. Netzwerke nutzen allen Netzwerkern – nur logisch, dass sie auch beim beruflichen Vorwärtskommen nützen. Menschen in Netzwerken haben's leichter, voranzukommen.

Männer netzwerken viel eher, häufiger und intensiver als Frauen – bei der Arbeit! Privat hatten Frauen schon seit Beginn der Menschheitsgeschichte ihre Netzwerke, die sie bei Kindererziehung, Ernährungs- und Gesundheitsfragen und bei Hobbys unterstützen. Nur im Business nutzen Frauen diese praktischen und nützlichen Netzwerke noch nicht so intensiv. Warum nicht? Weil Gewohnheit und Routine fehlen. Männer machen das besser, weil sie es schon viel länger machen. Also lautet die einfachste Möglichkeit, dem abzuhelfen: Bilden und suchen Sie Netzwerke im Beruf.

Suchen Sie Netzwerke, die Sie unterstützen können und von denen Sie unterstützt werden, und treten Sie ihnen bei. Wenn keine da sind, gründen Sie selbst Ihr kleines Netzwerk in Ihrer Firma. Zu unterscheiden sind zwei Arten von Netzwerken.

Tipp

Zwei Arten von Netzwerk

Netzwerk 1 ist ein aufgabenbezogenes Netzwerk, das Sie um die Frage herum aufbauen: Wer kann mir beruflich weiterhelfen? Dabei ist das Geschlecht gleichgültig. Suchen, finden und pflegen Sie ganz bewusst diese hilfreichen Kolleginnen und Kollegen, Vorgesetzten, Mentorinnen und Mentoren.

Netzwerk 2 ist ein reines Frauennetzwerk. Warum? Weil für Fragen des Aufstiegs von Frauen reine Frauennetzwerke effektiver und effizienter arbeiten. Männer können oft nicht die speziellen Problematiken von Frauen beim Aufstieg nachvollziehen. Wenn es zum Beispiel um »Ungleichbehandlung von Frauen in unserer Firma« geht, winken Männer oft ab, »Gibt es bei uns nicht!«, während die Frauen stumm daneben sitzen und vor Entrüstung nach Luft schnappen.

Es ist nicht ganz leicht, ein berufliches Netzwerk aufzubauen, das nur aus Frauen in Führungspositionen besteht. Denn dafür gibt es noch zu wenige Frauen in Führungspositionen. Das macht es umso nötiger, ein solches Netzwerk doch irgendwie auf die Beine zu stellen – denn solange es Frauen beim Aufstieg noch so schwer haben, tut sich jede dank eines solchen Netzwerks bedeutend leichter.

Deshalb sollten Sie sich zunächst in Ihrem eigenen Unternehmen nach Frauen in gleichen oder ähnlichen Positionen umsehen. Je größer Ihr Unternehmen, desto leichter wird Ihnen das fallen. Nehmen Sie Kontakt zu den Kolleginnen auf, verabreden Sie sich zum Mittagessen und zum Bereden der täglichen Probleme im Führungsalltag. Fragen Sie sich auch konkret: Wie können wir uns gegenseitig unterstützen, damit es jede von uns leichter hat?

Um einem häufigen Einwand vorzubeugen: Beim so genannten Frauen-Intranet handelt es sich nicht etwa um einen »Emanzenzirkel«, der dazu da ist, den Männern etwas wegzunehmen. Das sind unreife Phantasien beiderlei Geschlechts. Dem Old Boys Network unterstellt ja auch keiner ernsthaft, dass es ein spätpatriarchalisches Instrument zur Unterdrückung der Frau in der Gesellschaft ist. Da haben Männer in solchen Zirkeln doch weitaus Besseres zu tun ... Ein Frauen-Intranet ist keine Kampfgruppe, die gegen »die Männer« antritt, sondern eine Interessengemeinschaft, die gemeinsam mit den Männern in der Firma mehr erreichen will. Einzelkämpfe bringen nichts. Gemeinsam zu kämpfen bringt mehr – sowohl in der Sache als auch im Ergebnis.

Eine Menge interessanter Netzwerkpartnerinnen finden Sie auch in den einschlägigen Frauen-Berufsverbänden. Es gibt Unternehmerinnen-Verbände und Verbände für Business-Frauen. Es gibt inzwischen in fast jeder größeren Stadt After-Work-Partys nur für Führungsfrauen. Schnuppern Sie bei solchen Veranstaltungen hinein und suchen Sie sich den Kreis, der zu Ihnen passt.

Eine ausgezeichnete Gelegenheit, um Kolleginnen in Führungspositionen für Ihr Netzwerk zu finden, sind Frauenseminare – am besten, wenn sie sich um spezifische Führungsthemen drehen. Erstens versorgen Sie sich dort mit dem nötigen Wissen für Aufgabe und Aufstieg und mit Übungsmöglichkeiten, dieses Wissen in blamagefreier Atmosphäre auszuprobieren, bevor Sie es am Arbeitsplatz anwenden. Zweitens sind solche Seminare ideale Möglichkeiten für den Erfahrungsaustausch unter Führungsfrauen. Diesen Erfahrungsaustausch können Sie gar nicht hoch genug einschätzen. Erfahrungen bringen Sie weiter. Lassen Sie sich davon beflügeln!

DAS ZWEI-PERSONEN-NETZWERK

In unseren Coachings und Seminaren machen wir leider immer wieder die Erfahrung, dass Frauen kurz nach ihrer Beförderung einfach zu viel um die Ohren haben, um sich auch noch um ein Netzwerk zu kümmern: »Ich habe Wichtigeres zu tun!« Ein tragischer Irrtum. Gerade wenn sie es am nötigsten haben, verzichten viele Frauen auf das unterstützende Netzwerk.

Denn mit der Unterstützung erfahrener Kolleginnen würden viele Führungsneulinge nicht jene kapitalen Fehler machen, die sie nachher Ruf, Spaß und Karriere kosten. Andererseits hat frau direkt nach dem Aufstieg wirklich nicht viel Zeit fürs Networking. Wenn Sie sich in dieser Zwickmühle befinden, empfehlen wir Ihnen als Übergangslösung, einfach ein Zwei-Personen-Netzwerk zu bilden: Sie nehmen sich einen Coach.

Es versteht sich von selbst, dass der Coach (leider gibt es keine weibliche Bezeichnung dafür) eine Frau ist, und zwar eine, die erstens eine nachweisbare Coachingausbildung hat und zweitens selbst Führungserfahrung gesammelt hat, also die Problematik kennt. So eine professionelle Helferin bringt Sie sicher und erfolgreich über die kritischen ersten 100 Tage eines Führungsjobs und bewahrt Sie auch in Krisenzeiten vor dem beruflichen oder persönlichen Absturz. Falls Sie keinen geeigneten Coach in Ihrer Nähe kennen und auch der P- oder PE-Referent Ihrer Firma nicht weiterweiß (was eigentlich nicht passieren darf), dann helfen wir Ihnen gerne weiter (siehe Adressen auf Seite 151).

Tipp

Auf einen Blick: Können Sie als Frau Frauen führen?

- Freuen Sie sich, wenn andere Frauen sich mit Ihnen freuen, wenn Sie es geschafft haben – aber rechnen Sie nicht damit!

- Rechnen Sie eher damit, dass andere Frauen Sie auf Ihrem Weg nach oben zu behindern suchen.

- Lernen Sie, mit Neidattacken angemessen und souverän umzugehen.

- Mit Bremserinnen umgehen heißt, sie einfach zu umgehen.

- Falls Ihnen Neid und Missgunst den Aufstieg madig machen, stellen Sie Ihre Prioritäten klar: Was ist Ihnen wichtiger – mit den alten Kolleginnen zu »kuscheln« (und nicht aufsteigen) oder aufzusteigen (und einen neuen Kolleginnenkreis finden)?

- Bilden und pflegen Sie ein Netzwerk aus hilfreichen Menschen in Ihrer Firma, die Sie in Ihrer Sachaufgabe informell unterstützen.

- Bilden und pflegen Sie ein reines Frauennetzwerk, das seine Teilnehmerinnen beruflich weiterbringt.

- Bevor Sie ohne Netzwerk dastehen, suchen Sie einen weiblichen Coach.

EIN WORT ZUR VERÄNDERUNG

Frauen können führen. Sie tun es seit Jahrtausenden – zu Hause und in sozialen Einrichtungen. Im Business tun sie es weder in diesem Ausmaß noch mit dieser Historie. Warum nicht? Weil ihnen bislang Modelle und Instrumente dafür fehlten. Beides haben Sie in diesem Buch gefunden. Wenn Sie sich kurz vor oder auch schon im Aufstieg befinden, tun Sie sich mit diesen Instrumenten und Modellen wesentlich leichter, behalten den Spaß bei der Arbeit, erzielen schneller Erfolge und kommen einfacher dorthin, wo Sie letztendlich hin möchten.

Natürlich ist es eine Menge Instrumente und Hilfsmittel, die Sie dafür beherrschen müssen. Doch machen wir in unseren Seminaren und Coachings die Erfahrung, dass dies nur auf den ersten Blick so scheint. Beschäftigt frau sich mit den nötigen Techniken und Einstellungsveränderungen, fällt die Veränderung leichter als gedacht. Außerdem haben sich Glaubenssätze bei der Bewältigung der einzelnen Schwerpunkte als Veränderungsbeschleuniger bestens bewährt. Sie brauchen dazu nicht die folgenden Glaubenssätze zu übernehmen. Sie können auch Ihre eigenen bilden. Hauptsache, Sie haben welche. Glaubenssätze sind mächtige Hilfen auf dem Weg zu unseren Zielen.

Tipp

Konstruktive Glaubenssätze

- Über Führung und Macht: »Ich habe hier eine Verantwortung, eine Aufgabe zu erfüllen – und dafür ist ein gewisses Maß an Macht nötig, sinnvoll und nützlich.«
- Über das Sich-Verbiegen: »Ich bin und bleibe auch in der Führung echt und authentisch – weil ich weiß, dass dies die Basis ist für eine gute Zusammenarbeit und meine seelische Gesundheit.«
- Über den Umgang mit Energieräubern: »Ich kann Grenzen setzen, weil ich weiß, was ich will, und weil ich meine Energie sinnvoll einsetze.«
- Über Führungsinstrumente: »Ich kenne und nutze die wichtigsten Führungsinstrumente, weil ich weiß, dass sie sich bewährt haben – und ich das Rad nicht ständig neu erfinden muss!«
- Über den Umgang mit Männern am Arbeitsplatz: »Ich kenne die Spielregeln der Männer und kann damit wertfrei umgehen.«
- Über den Umgang mit anderen Frauen: »Neid von Ex-Kolleginnen nehme ich nicht persönlich – ich habe ja meine beste Freundin und mein Netzwerk!«

Wenn Sie sich immer wieder an diese (oder Ihre eigenen) Glaubenssätze erinnern und Sie in entsprechenden Situationen wie ein Mantra vor sich hin sagen, erleichtern Sie sich das Leben immens. Sie erleichtern sich auch das Aneignen des Erfolgswissens, das Sie in diesem Buch gefunden haben und das Ihnen den Aufstieg leichter macht. Fragt sich noch, an welcher Stelle Sie damit beginnen sollen.

Die meisten Frauen sagen: »Es ist so vieles, das ich noch nicht beherrsche!« Das mag sein, doch das ist im Grunde egal. Worauf es ankommt, ist, wo Sie beginnen. Wo setzen Sie an? An den drängendsten Brennpunkten? Oder machen Sie alles schön der Reihe nach? Die Antwort kennen Sie bereits. Verstellen Sie sich nicht. Auch nicht vor sich selbst. Verlassen Sie sich einfach auf Ihren Bauch. Da, wo Sie glauben und fühlen, beginnen zu müssen, genau da beginnen Sie auch – der ganze Rest wird automatisch folgen. Denn wie Sie vielleicht schon bemerkt haben, ist Führung ein zusammenhängendes Ganzes, bei dem jedes Teil automatisch mit jedem anderen verbunden ist. Wenn Sie also an irgendeinem Punkt beginnen, kommen Sie automatisch auch zu allen anderen Punkten, wenn es für Sie persönlich Zeit dafür ist.

Begleiten Sie sich selbst bei dieser Veränderung. Das beste Instrument dafür kennen und beherrschen Sie bereits (quasi von Geburt an): die Reflexion. Reflexion ist das wohlwollende, konstruktive Nachdenken über sich selbst und das eigene Verhalten. Bitte beachten Sie die verwendeten Adjektive: Gerade Frauen neigen dazu, sich eben nicht wohlwollend und konstruktiv zu begleiten, sondern diese Begleitung der inneren Kritikerin zu überlassen: »Was hast du denn heute wieder verbockt? Du weißt doch ganz genau, wie man ein Zielvereinbarungsgespräch führt! Wie kannst du das bloß schon wieder falsch machen?!«

Die innere Kritikerin ist eine nützliche Nörglerin, die Sie auf Fehler aufmerksam macht. Doch hat sie das getan, bitten Sie die große Schwester in Ihnen darum, hervorzutreten und Sie zu begleiten. Die ideale große Schwester oder die beste Freundin sagt Dinge wie: »Gut, das ging heute daneben. Aber immerhin hast du's probiert und es war auch schon viel besser als das letzte Mal. Lass uns doch mal überlegen, was du beim nächsten Mal anders machen kannst.« Begleiten Sie sich einfach mit viel Aufmerksamkeit für Ihre innere Befindlichkeit, viel Anerkennung selbst für kleinste Erfolge (nichts ist motivierender als Erfolg), viel Verständnis für Ihre kleinen Schwächen und Menschlichkeiten und beständiger Ermunterung für die nächsten Schritte. Dann klappt das auch mit der Führung und dem beruflichen Vorankommen.

Wenn Sie es lieber etwas strukturiert haben, können Sie die Reflexion auch nach folgendem Universalmuster ergänzen, das Sie idealerweise jeden Abend (wenn's geht noch am Arbeitsplatz) oder nach akuten Ereignissen durchgehen:

Praxis Das Universalmuster der persönlichen Veränderung

Stellen Sie sich regelmäßig die folgenden Fragen:

- Welches Ergebnis habe ich mit meiner Kommunikation oder meinem Verhalten bei der Arbeit erzielt?
- Welches Ergebnis wollte ich erzielen?
- Was lerne ich daraus?

Mit dieser Veränderungsbegleitung werden Sie schnell gute Fortschritte auf dem Weg zu Ihren beruflichen und persönlichen Zielen erreichen. Wir würden uns freuen, wenn Sie Ihre Erfahrungen auf diesem Weg, in welcher Form auch immer (Schreiben Sie uns! Sprechen Sie mit uns!), mit uns teilen, nachdem Sie das Buch gelesen haben. Selbstverständlich unterstützen wir Sie auch gerne persönlich auf Ihrem Weg, sei es per Seminar, Coaching oder einfach nur mit einem Fingerzeig in die richtige Richtung. Sprechen Sie einfach mit uns.

Literatur

Asgodom, Sabine: *Erfolg ist sexy! Die weibliche Formel für mehr Lust im Beruf.* München, 2. Auflage 1999

Asgodom, Sabine: *Balancing – das ideale Gleichgewicht zwischen Beruf und Privatleben.* Berlin 2001

Berth, Rolf: *Erfolg.* Düsseldorf 1995

Cohen, Sherry S.: *Sanfte Macht. Der neue weibliche Weg.* Hamburg 1990

Covey, Stephen R.: *Der Weg zum Wesentlichen. Zeitmanagement der vierten Generation.* Frankfurt am Main 5, durchges. Auflage 2003

Covey, Stephen R.: *Die sieben Wege zur Effektivität. Ein Konzept zur Meisterung Ihres beruflichen und privaten Lebens.* Frankfurt am Main, 11., vollst. überarb. Auflage 2000

Duff, Carolyn S., Cohen, Barbara: *Wenn Frauen zusammen arbeiten. Solidarität und Konkurrenz im Beruf.* Frankfurt am Main 1995

Echter, Dorothee: *Lust auf Macht? Wie Frauen positiv Einfluß nehmen.* Düsseldorf 1994

Fischer-Epe, Maren, Schulz von Thun, Friedemann: *Coaching: Miteinander Ziele erreichen.* Reinbek, 3. Auflage 2003

Goleman, Daniel: *Emotionale Intelligenz.* München 1996

Gordon, Thomas: *Managerkonferenz. Effektives Führungstraining.* München 1989

Höhler, Gertrud: *Wölfin unter Wölfen. Warum Männer ohne Frauen Fehler machen.* München 2000

Keen, Sam: *Feuer im Bauch.* Bergisch Gladbach, 2. Auflage 2001

Malik, Fredmund: *Führen – Leisten – Leben. Wirksames Management für eine neue Zeit.* München 2001

Moir, Anne, Jessel, David: *BrainSex. Brain Sex.* München 3. Auflage 1996

O'Connor, Joseph, Seymour, John: *Neurolinguistisches Programmieren: Gelungene Kommunikation und persönliche Entfaltung.* Kirchzarten, 8. Auflage 1998

O'Connor, Joseph, Seymour, John: *Weiterbildung auf neuem Kurs. NLP für Trainer, Referenten und Dozenten.* Kirchzarten 1996

Richardson, Jerry: *Erfolgreich kommunizieren. Eine praktische Einführung in die Arbeitsweise von NLP.* München, 2. Auflage 1994

Satir, Virginia: *Kommunikation, Selbstwert, Kongruenz. Konzepte und Perspektiven familientherapeutischer Praxis.* Paderborn 1990

Schulz von Thun, Friedemann u.a.: *Miteinander Reden. Kommunikationspsychologie für Führungskräfte.* Reinbek 2001

Senge, Peter: *Die fünfte Disziplin. Kunst und Praxis der lernenden Organisation.* 7. Auflage 1999

Stroebe, Rainer W.: *Grundlagen der Führung. Mit Führungsmodellen.* Heidelberg, 10., überarb. Auflage 1999

Tannen, Deborah: *Das hab' ich nicht gesagt. Kommunikationsprobleme im Alltag.* München 1997

Tannen, Deborah: *Job-Talk. Wie Frauen und Männer am Arbeitsplatz miteinander reden.* München 1995

Netzwerke,
die Sie interessieren
könnten

BFBM – Bundesverband der Frauen im freien Beruf und Management
www.bfbm.de
Ziel: Kontakte, Weiterbildung, Gleichberechtigung

BPW – Business und Professional Women
www.bpw-germany.de
www.bpw-europe.org
www.youngbpw-europe.org
Ziel: Kooperation, Förderung, Kontaktpflege und Verständigung

Connecta – Das Frauennetzwerk e.V.
www.frauennetzwerk-connecta.de
Ziel: Berufliche und persönliche Förderung, Hilfe bei der Karriereplanung, Weiterbildung

DAB – Deutscher Akademikerinnenbund e.V.
www.dab-ev.org
Ziel: Förderung von Frauen, Gleichberechtigung in gesellschaftlichen und beruflichen Gremien

Deutsches Gründerinnen Forum e.V.
www.dgfev.de
Ziel: Verbesserung von Ausbildung, Beratung und Finanzierung bei Existenzgründungen von Frauen

EAF – Europäische Akademie für Frauen in Politik und Wirtschaft e.V.
www.eaf-berlin.de
Ziel: Förderung von internationalen Kontakten, Austausch, Gleichberechtigung
und Nachwuchs

EWMD – European Women's Management Development Deutschland e.V.
www.ewmd.org
Ziel: Vernetzung und Weiterentwicklung von Frauen in Führungspositionen in
Deutschland und Europa

FIM – Vereinigung für Frauen im Management e.V.
www.fim.de
Ziel: Kontaktpflege, Gleichstellung, Akzeptanz von Frauen im Beruf

FiT – Frauen in der Technik e.V.
www.fitev.de
Ziel: Projekte zur Förderung der Frauen in Naturwissenschaft und Technik

Infinitas GmbH
www.infinitas.de
Ziel: Vernetzung von Frauen in der IT-Branche

NUT – Frauen in Naturwissenschaft und Technik e.V.
www.nut.de
Ziel: Förderung und Unterstützung von Frauen in Naturwissenschaft und Technik; Info-Austausch

SI – Soroptimist International
www.soroptimist.de
Ziel: Verbesserung ethischer Werte, Förderung der internationalen Verständigung

VDU – Verband deutscher Unternehmerinnen e.V.
www.vdu.de
Ziel: Erfahrungsaustausch, politischer Einfluss

Webgrrls
www.webgrrls.de
Ziel: Vernetzung von Frauen in den neuen Medien

Kontakt-
adresse

Patrizia Haucke
CIRCLEGROUP
Heckenrosenweg 3
85662 Hohenbrunn
Tel. 01 71/6 16 66 09
E-Mail: patrizia.haucke@circle-bd.de
www.circlegroup.de

Annette Krenovsky
KK-Mediationsteam
Ehamostraße 19 F
85658 Egmating
Tel. 01 71/1 92 04 39
E-Mail: krenovsky@kk-mediationsteam.de
www.kk-mediationsteam.de